JN437873

한국의 족보

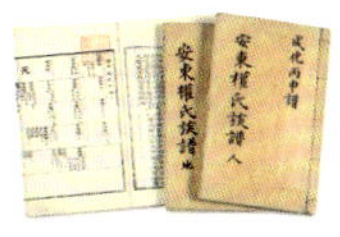

한국의 족보

정승모 지음

우리 문화의 뿌리를 찾아서를 펴내며

한국의 전통 문화를 세계화하고자 하는 의도에서 기획된 '우리 문화의 뿌리를 찾아서' 시리즈는 다양한 분야에서 연구한 성과들을 국내외에 소개함으로써 우리 문화의 독특함과 보편성을 알리고 세계 속에서 한국 문화의 위상과 학문적 경쟁력을 높이는 데에 그 목적이 있다.

한글과 영어로 발간되는 이 시리즈는 지나치게 학술적인 경향이나 단순한 안내서의 수준을 지양하고 한국의 전통 문화를 이루는 근간을 다양한 사진 자료를 통해 세부적으로 집중 조명해 봄으로써 우리 문화를 폭넓고 깊이 있게 이해할 수 있도록 하는 데에 그 특징이 있다.

이 시리즈는 또한 현대 문명이 유발한 문제점들을 치유하는 대안이 한국의 전통 문화의 본질 속에 들어 있다는 것을 깨닫게 함으로써 세계인들이 한국 문화의 우수성을 올바로 이해하는 데에 크게 기여할 것이다.

2005년 1월

이화여자대학교출판부

책머리에

족보는 혈연관계를 기록한 책이기도 하고 책에 기록된 혈연관계이기도 하다. 족보는 전자로 보면 이 책의 소재가 되고, 후자로 보면 이 책의 주제가 된다. 족보를 통해 자신의 혈연적 뿌리를 알 수 있다고 믿는 사람들이 있는가 하면 전혀 믿을 것이 못된다고 무시하는 사람도 있다. 그러나 어느 한쪽만 그르다고 할 수 없다. 족보에 적힌 기록은 그 전체를 진과 위 어느 한쪽으로 판단할 것이 아니라 어느 수준까지 믿어야 하는가를 따져야 한다.

족보마다, 또는 같은 족보라도 발간 시기에 따라 신뢰의 수준이 다르다는 점도 고려해야 한다. 족보의 신뢰도가 얼마나 다양하고 복잡한지, 왜 그렇게 되었는지, 실상은 물론 그 원인도 궁금하다. 신뢰도가 높은 족보를 골라 연구하는 것도 중요하지만 극단적으로 가짜 족보가 존재한다면 그것을 만들려고 노력한 배경과 동기가 무엇인지도 밝혀야 한다.

족보는 그 신뢰도가 높을수록 그 안에 본인이나 부친의 이름이 들어 있는 자에게는 자신의 뿌리에 대한 긍지를 심어 주겠지만 그렇지 못한 자에게는 과거사에 대해 섭섭한 마음을 갖게 할 것이다. 그러나 아무리 신뢰도가 높은 족보라 해도 족보를 통한 선대와의 관계는 대가 올라갈수록 사실과는 멀어지고 허구와는 가까워진다. 이처럼 족보가 갖는 신뢰도의 다양성과 불확실성에도 불구하고 사람들은 본인, 또는 부친의 이름이 들어 있는 족보에 근거하여 옛사람과의 혈연적 관계를 확인하려 한다. 그리고 족보에 훌륭한 조상이 있으면 그와 동일시하거나 그에 의지하여 자존심을 세우려 한다. 자신을 자랑하는 행위 자체가 부끄러운 일인데 하물며 자신이 아닌 먼 조상에 대한 자랑은 그야말로 허구적이고 시대착오적인 발상이 아닌가.

족보는 과거 전통사회에서는 신분 질서를 유지하기 위해 개개인들에게 채운 족쇄와 같은 장치였다. 그래서 양반 출신이라도 신분을 증명해주는 족보를 잃어버리고 이름을 올리지 못한 채 몇 대를 내려가다 보면 어느새 상민의 족쇄를 차게 된다. 전란을 당해 피난할 경우에도 땅문서, 집문서, 종문서보다 신주와 함께 족보를 반드시 챙겼던 것은 이러한 이유에서다. 재산 소송이나 거래가 있을 때면 이전 거래 때 작성했던 문서를 반드시 지참해야 했듯이 신분을 증명해야 할 국면에서는 자신을 과거와 이어주는 족보야말로 필수적인 서류였다.

과거 신분 사회의 제약으로, 또는 빈약한 경제력 때문에 어느 족보에도 이름을 올리지 못한 사람들은 부를 축적하는 순간 망설임 없이 족보를 새로 만들거나 기존의 족보에 이름을 올리려고 한다. 그러나 새로운 족보를 꾸미는 순간 그 선조와 당사자 자손은 모두 허구적인 관계를 맺게 된다. 한편 가짜 족보는 족보 그 자체의 신뢰도를 떨어뜨렸지만 역설적으로 신분이라는 족쇄를 무력화하는 데 일조했다는 점에서 당대 사회에서나 현재에서도 긍정적인 측면을 갖는다. 부정적인 면이 있다면 이것이 우리의 과거 사회 모습을 심하게 왜곡하고 있다는 점이다.

족보는 과거의 기록이며, 구체적으로는 당시 인물들의 출신 지역과 사회적 배경을 담고 있기 때문에 그 신뢰도에 따라 다른 사료에서는 찾을 수 없는 귀중한 정보를 제공한다. 족보가 갖는 사료적 가치를 위해서도, 그리고 기록 한 줄에 의지하여 과거의 족쇄를 그리워하는 퇴행적인 일을 막기 위해서도 족보에 대한 올바른 이해는 반드시 필요하다.

차례

한국의 족보

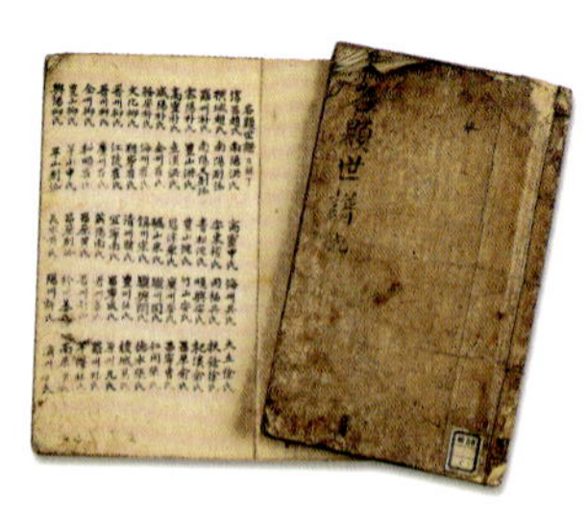

책머리에 6

1. 족보란 무엇인가

혈연의 사회적 의미 11
족보의 출현 15
족보의 기능 21

2. 족보의 역사

성씨와 본관의 발생 25
왕족의 족보 37
양반과 중인의 족보 44
족보 속의 평민과 천민 52
일제의 창씨개명과 족보 56

3. 족보는 어떻게 만들어지나

족보의 종류 61
족보의 구성 71
족보의 제작 과정 91
족보 기록의 허와 실 99

4. 족보의 실제

족보에서 찾는 집안의 과거사 109
족보와 사회상 111
족보를 보는 방법 125
외국의 족보 127
현대인의 족보 129

관련용어 133
찾아보기 135
참고문헌 140

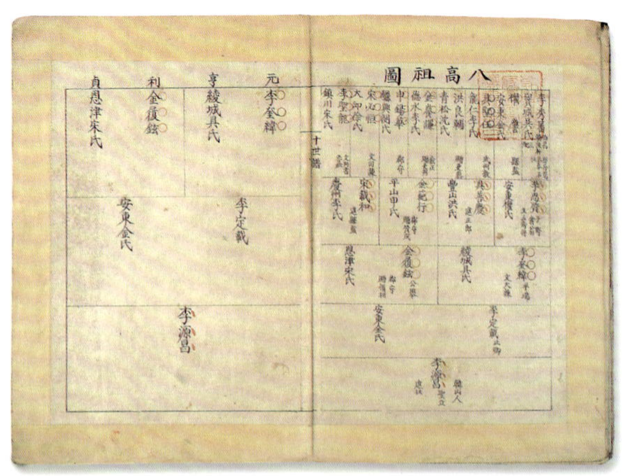

십세보팔고조도

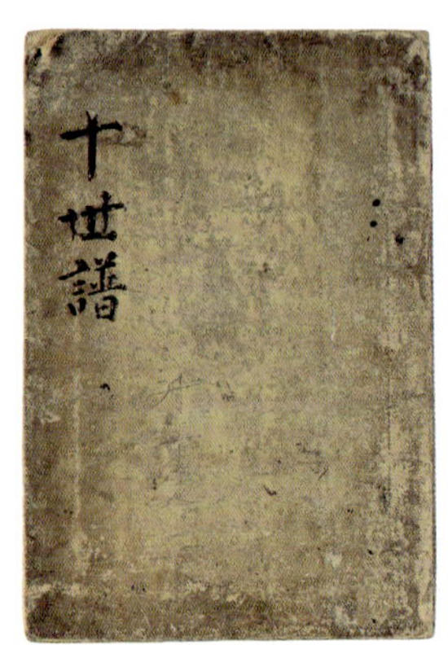

십세보 표지

1. 족보란 무엇인가

혈연의 사회적 의미

족보는 사적인 한 가문이 주동이 되어 조상을 높이고 조상으로부터 갈라져 내려온 족속들을 모아 그 상하 수평관계를 확인할 수 있도록 만든 기록물이다. 전자를 존조(尊祖), 후자를 수족(收族)이라고 한다. 족보는 이를 통해 그 안에 이름이 적힌 인물들의 사회적 배경, 즉 신분을 밝힘으로써 부계로 연결된 동족 간에 정체성을 부여한다. 족보를 작성하는 기본 동기는 바로 여기에 있다.

족보는 뿌리에 대한 가지들의 기록이다. 뿌리와 가지를 잇는 것은 혈연이란 개념인데, 혈연은 생물학적인 사실에 기초한 듯 보인다. 인간은 부모 양쪽에서 유전자를 물려받기 때문에 부의 혈족뿐 아니라 모의 혈족과도 혈연관계가 있다. 그러나 사회적으로는 양쪽이 동등하지 않다. 증조부의 형제, 즉 족증조부(族曾祖父)의 증손들과는 8촌 관계로 그리 먼 사이가 아니다. 그러나 증조모 형제의 증손들은 그들과 동등한 혈연관계에 있으면서도 실제로는 아무 관계가 아닐뿐더러 누군지도 모른다. 즉 이는 혈연적 유대를 사회적 개념인 부계 계통으로 치우쳐 인식하였기 때문이다. 혈연이 생물학적 개념이 아닌 사회적 개념인 것은 이러한 점 때문이다.

얼마 전까지도 동성동본 불혼의 법 때문에 성과 본이 같은 두 남녀는 혼인할 수 없었다. 이들은 같은 조상의 자손이므로 같은 혈족으로 인식되어 동일한 족보에 실리게 된다. 같은 족보에 이름이 올라 있는 두 남녀가 결합한다는 것은 거부반응을 일으키기에 충분하다. 그러나 두 남녀가 만약 10대 조상에서 갈라졌다고 가정하면 이들이 공유한 유전적 요소는 한 대를 내려올 때마다 서로 다른 어머니 유전자를 받아가며 1/2씩 멀어져 이들 대에 내려오면 이들이 공유하는 유전자는 1/2의 10승, 즉 0.1%에도 못 미친다. 그럼에도 불구하고 이들을 혈족으로 인식하는 것은 우리나라가 부계사회이기 때문이다. 혹자는 우리나라가 조선 전기까지도 부계사회가 아니었다는 논지를 펴기도 하는데, 이는 앞서 두 8촌간의 차이를 떠올리면 그 오류를 금방 알게 된다.

족보를 만들게 되면서 부계 조상에 대한 추적은 더욱 대를 높이게 되었고 부계 친족의 범위는 더욱 넓어졌다. 그리고 그럴수록 혈연관계는 사회적인 결합 상황에 좌우되었다. "보법불행 즉파류무이징의(譜法不行 則派流無以徵矣)." 이것은 1797년에 간행된 『성주이씨족보』의 서문에 쓰인 내용이다. 족보를 작성함으로써 비로소 부계 친족들이 언제 어디서 갈라지게 되었는지 고증할 수 있게 되었다는 뜻으로, 족보가 없다면 사방에 흩어져 사는 동족끼리 장차 거리에서 만나는 일반 사람들과 다를 바 없는 남이 된다는 것이다.

조상에 대한 추적은 친족의 확대뿐만 아니라 외척과 인척 관계의 확대를 가져다주었다. 10대가 넘는 조상의 부인을 할머니라고 부르면서 할머니의 성씨를 가진 사람들을 마치 가까운 친척인양 여길 정도이다. 다음에 살피겠지만 팔고조도(八高祖圖)는 부계로 올라가는 고조부모는 물론 외할머니의 외할머니와 같이 모계로 소급되는 조상들을 망라한 계통도다. 한 대 더 올라가는 십육세보(十六世譜)도 있다. 한 개인의 조상을 양변(兩邊)으로 확대한 것인데, 이것을 두고 우리나라가 양계(兩系) 사회였다는 잘못된 주장도 있다.

족보는 수족의 기능을 갖는다고 하였는데, 한 개인을 중심으로 대를 부모 양변으로 소급해 올라가는 것은 가능해도 그 반대, 즉 한 조상으로부터 양계로 내려오는 것은 불가능하다. 조선 전기의 족보가 잠시 그러한 형태를 보이긴 했지만 그 방식으로는 더 이상 내려갈 수 없다. 만약 그것이 가능하다면 우리나라 모든 사람이 단군의 자손이라고 주장하는 것과 별반 다를 것이 없고, 『○氏族譜』처럼 족보에 특정한 성을 명시할 필요도 없을 것이다.

이렇게 보면 족보는 생물학적인 혈연관계를 사회적 혈연 단위로 나누는 역할을 하는 것이다. 혈연의 사회적 의미가 강조되다 보면 혈연관계를 인위적으로 만드는 것도 가능하다는 인식에 이른다. 가짜 족보가 나올 수 있었던 것도 이를 통해서 혈연이 갖는 사회적 의미를 찾으려 했기 때문이다.

해방 후 정치적으로 중요한 요직에 올랐던 한 인사가 족보를 얻기 위해 벌인 에피소드가 있다. 그의 집안은 고조부 때 어떤 지역에 정착하여 조부 때 만석꾼 부자가 되었다. 그는 집안 재력의 뒷받침으로 학력과 관력을 쌓아 높은 자리에 오를 수 있었다. 그러나 그가 집안 내력에 대해 알고 있는 것은 고조까지가 한계였다. 그래서 자기가 살던 동네의 내력이 있는 전주 이씨에게 '붙여 달라'고 청탁하였으나 거절당했다. 그 뒤 꿩 대신 닭이라고 부근 마을의 파가 다른 전주 이씨에게 돈을 주고 족보에 이름을 넣을 수 있었고 이후 집안 행사에도 참여하게 되었다.

그러나 그가 붙인 집안은 10대 이상은 추적이 되지 않았고 왕실 족보와도 연결되지 않았다. 그는 1970년에 있었던 영친왕 장례 때 고위직이면서 동시에 전주 이씨라는 배경으로 비중 있는 역할을 맡았다. 그 과정에서 그는 자신의 근원을 제대로 대지 못하여 큰 망신을 당했다. 그는 그대로 물러설 수 없었다. 그래서 이번에는 저명한 역사학자를 찾았다. 역사학자는 전주 이씨들의 족보를 섭렵하여 그중에서 모 왕의 몇째 아들이 열여덟 살에 지방에 내려가 자손 없이 사망한 사실을 찾아내었다. 이를 토대로 요절한 그를 새로운 파시조로 만들고 그 이하부터 그의 고조 이전까지 선대의 이름도 만들어 넣는 등 빈 계보를 채웠다. 그리고는 족보를 발행하고 자축연을 열었다.

투탁(投託)이란 돈을 써서 남의 족보에 이름을 올리는 행위를 말한다. 투탁이 많고 적서(嫡庶)가 불분명한 족보를 탁보(濁譜)라 하고 그 반대를 청보(淸譜)라고 한다. 모두가 낭시 사회가 생산해 낸 말들이다.

이러한 일들은 우리나라에만 있던 일도 아니고, 또한 요즈음에만 있는 일도 아니다. 멀리는 중국에서도 오래 전부터 있었던 일이다. 당나라 때 사람 두정륜(杜正倫)이 성(城) 남쪽의 두씨(杜氏)들에게 끼이기를 청하자 군자가 부끄러이 여겼고, 곽숭도(郭崇韜)가 그의 선조도 아닌 곽자의(郭子儀)의 묘를 찾아 절을 하였다는 두 일화는 두고두고 인용되는 대표적인 예다.

족보의 출현

족보란 동일한 씨족 중에서도 본관(本貫)을 중심으로 시조 이하 세대의 계통을 수록함과 동시에, 시조로부터 작성 당시의 친족 성원들에 이르기까지 선대들의 이름 · 호(號) · 행적 등을 상세히 기록함으로써 동족의 근원을 밝히고 세대의 순서를 알릴 목적으로 편찬한 것이다. 그러므로 족보를 통해 종(縱)으로는 시조에서부터 현재 자신까지 이어져 온 계보 관계를 알 수 있고, 횡(橫)으로는 동시대를 사는 동족간의 친소(親疏) 관계를 알 수 있다.

중국 청나라 고증학자 소진함(邵晉涵)은 나라에는 사(史)가 있고, 주(州)에는 지(志)가 있고 가(家)에는 보(譜)가 있다고 하였다. 국사(國史)인 실록(實錄)은 나라의 기록이고 주지(州志)인 읍지(邑誌)는 군현의 기록이며 가보(家譜)인 족보는 집안의 기록인 것이다. 모두가 기억을 역사적 사실과 함께 기록화한 것이라는 공통점을 갖는다. 그러나 실록과 읍지가 공적(公的)인 기록인 반면 족보는 공적이면서도 동시에 사적(私的)인 기록이다.

족보는 일찍이 중국에서 시작되었고 그 근원은 「제계(帝系)」라는 제왕의 연표(年表)에서 찾는다. 사인(私人)에 의한 계보 기록은 한나라 때부터 시작되었다고 한다. 한나라가 망한 후 문벌의 전성 시기를 맞이한 위진남북조(魏晉南北朝)에 들어와 가계(家系)가 존중되고 조정에서도 모든 집안의 보첩(譜牒)을 수집하여 심사한 후 여기에 등급을 매겨 구분하고 명문 집안이 아니면 고관에 오르지 못하게 하는 등의 조치가 내려지면서 계보에 대한 기록 또한 활발해진 것이다.

『주례(周禮)』에 따르면 소사(小史)라고 하는 계통을 분별하는 직책이 있어 그가 소사법에 따라 소목(昭穆)을 정하는 법을 맡았다. 소목이란 사당에 조상 신주를 모시는 차례로, 시조를 중앙에 놓고 시조의 위치에서 2·4·6세(世)를 좌편 소[左昭]에, 3·5·7세를 우편 목[右穆]에 모신다. 소사법은 제후까지만 적용되었다. 그리고 이를 위한 보첩 또한 제후의 소유물이었다. 그러다가 진(晉)나라 때인 4세기 이후로 사대부(士大夫)들도 점차 보첩을 만들기 시작하였다. 그런데 먼 조상에 대해서는 세대 순서가 모호하고 참고할 서적이 미비하여 낱낱이 상고하려 해도 할 수 없었다. 이에 대해 구양수(歐陽脩, 1007~1072)는 다음과 같이 말하였다.

> 성씨가 생겨난 유래는 매우 오래다. 그러나 상고(上古)의 것은 거의 없어져 알 수 없으니, 보도(譜圖)는 알 수 있는 세대부터 시작해야 한다.

그러나 이를 지킨 보첩은 매우 드물었다고 한다. 이렇듯 불완전하고 다양한 보첩에 근거하여 본격적으로 족보라는 책을 만든 것은 송나라에 이르러서다. 송나라 이전까지 족보는 아무나 만들 수 없었다. 그러다가 송에 들어와 과거제도를 통해 등장한 사대부들이 제후의 중자(衆子)에게만 적용되던 종족제도, 즉 종법(宗法)을 자신들에게 적용하면서 자신들의 계보도 사사롭게 작성하게 되었다. 이들은 일족의 혈연관계를 나타내는 세계도(世系圖) 외에 족규(族規)나 가법(家法) 등 종족집단의 법규도 만들었다.

종법은 본래 주나라 때 만들어진 옛법이다. 이에 따르면 제후의 중자, 즉 차남 이하들은 다음 세대에서는 장자에 한하여 대종(大宗)으로 이어갈 수 있지만 그 이하는 소종(小宗), 즉 4대 이상 이어갈 수 없게 되어 있고, 사대부 이하는 누구도 대종을 이루지 못하도록 되어 있다. 이는 왕족과 사대부 특권층이 무한히 확장하지 못하도록 조치한 것인데, 그 핵심 원칙이 송나라, 특히 남송의 사대부들에 의해 무너진 것이다. 즉 신유학(新儒學)으로 무장한 이들은 제후가 아님에도 불구하고 옛 종법을 새롭게 해석하고 적용하여 제후와 마찬가지로 대종을 구성한 것이다. 물론 그 배경에는 이들의 정치적인 독립과 강남 농법이 가져다 준 경제력 향상이라는 요인이 있었다.

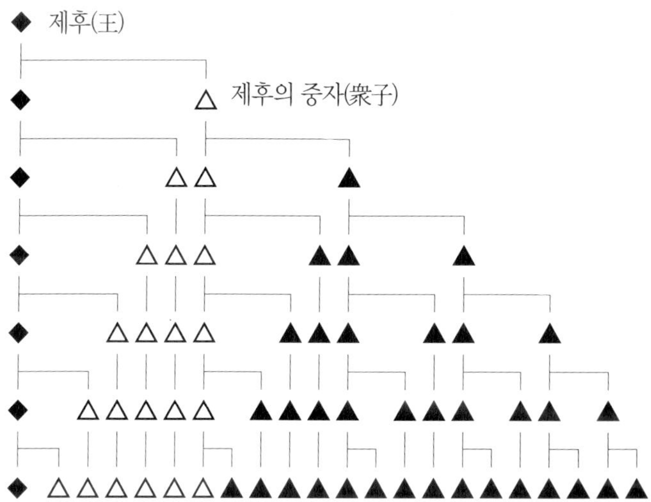

◆ : 제후(諸侯, 王)
△ : 대종(大宗)의 파조(派祖), 또는 종손(宗孫)
▲ : 소종의 장손(長孫), 또는 소종원(小宗員)

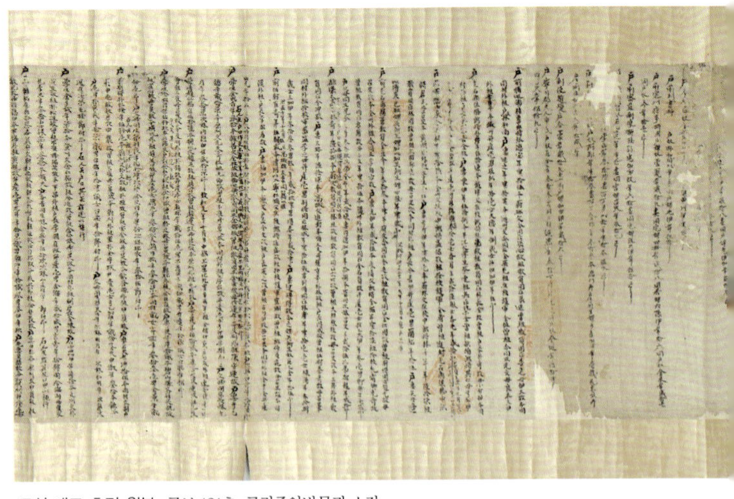

조선 태조 호적 원본, 국보 131호, 국립중앙박물관 소장

결국 족보의 작성은 제후가 아닌 사대부들이 종법을 받아들이는 시점과 관련되어 있음을 알 수 있다. 소종의 대종화 경향이 없었다면 굳이 5대 이상의 조상을 기록할 동기나 필요도 생겨나지 않았을 것이다. 실제 우리나라 역사에서도 이 둘, 즉 종법 시행과 족보 작성은 서로 비슷한 시기인 16세기경부터 나타났던 것이다.

송대 이후 명 · 청 시대에는 몇 개의 종족이 시조를 소급해서 올려 단일 족보를 만듦으로써 결합 범위를 넓히는 일이 나타났다. 이를 회종(會宗)이라고 한다. 이 회종 역시 족보가 단순히 혈연관계를 나타내는 것만이 아님과 동시에 허구일 수 있음을 잘 보여주는 현상이다. 우리도 조선 후기에 이와 유사한 과정을 겪는다.

우리나라의 족보는 고려 때 왕실의 계통을 기록함으로써 시작되었

을 것으로 추정된다. 고려 중엽 이후 검교군기감(檢校軍器監)을 역임한 김관의(金寬毅)는 개인들이 보관하던 문서 등을 수집하고 정리하여 『편년통록(編年通錄)』을 편술하였다. 그가 왕실의 계통을 정리하여 『왕대종록(王代宗錄)』이란 책을 만들었는데 이것을 우리나라 족보의 시초로 여긴다. 그러나 책은 전해지지 않는다. 고려의 귀족 집안들은 처음에는 개별적으로 각자의 가계를 기록하고 보존해 온 정도였다.

앞서 언급한 『성주이씨족보』 서문 중에는 백여 년 전만 해도 뛰어난 사대부가라 할지라도 족보를 가진 집은 드물었다는 내용이 있다. 당시로부터 백여 년 전이면 1,700년 이전을 말한다. 우리에게 익숙한 족보, 즉 한 씨족을 담은 합동 계보로서의 족보 역사는 대개 17세기 후반경부터이고 이전에 발간된 초기의 족보는 주로 편찬자와 그 주변의 가승

(家乘)을 확대한 계보다.

초기 족보의 편찬자는 먼저 자신의 직계 조상만을 기록한 가승을 기초로 거기에 나타난 역대 조상의 모든 자손들을 찾아 계보에 수록하는 방식으로 족보를 만들었다. 초기 족보에 편찬자의 직계 조상들에 관해서는 기록이 상세한 반면 그 밖의 인물들은 그렇지 못한 것은 이러한 이유 때문이다. 초기 족보의 편찬자들은 거의가 다 현직 또는 전직 관리로서 명문 가문의 후예라는 공통점을 가지고 있다.

1476년의 『안동권씨성화보(安東權氏成化譜)』, 1565년의 『문화유씨가정보(文化柳氏嘉靖譜)』, 1649년의 『청송심씨족보(青松沈氏族譜)』 등이 초창기의 족보들이다. 1423년에 작성되었다는 『문화유씨영락보(文化柳氏永樂譜)』도 있는데 간본(刊本), 즉 인쇄된 책인지는 실물이 없어 확인할 수 없다. 이후에 족보를 꾸미는 집에서는 이 족보들을 텍스트로 참고하였고 자신들의 기록과 다르거나 잘못된 사항은 바로잡았다.

초기 족보들은 가계 대수(代數)가 얕고 가승(家乘)을 그대로 옮겨놓았기 때문에 딸의 자손들, 즉 외손을 본손과 마찬가지로 세대에 제한을 두지 않고 족보 편찬 당시의 인물까지 수록할 수 있었다. 그 결과 초기 족보는 모든 성씨가 망라된 만성보(萬姓譜)의 성격을 띠었다. 『안동권씨성화보』에 실린 이름은 모두 8,000명인데 그중 안동 권씨 본손 남자 인원은 380명에 불과하다. 『문화류씨가정보』는 모두 38,000명이 수록되어 있는데 그중 본손은 1,400명이다.

『증보문헌비고(增補文獻備考)』(권46)에는 조선 성종 때 임금이 양성지(梁誠之, 1415~1482)에게 명하여 『해동성씨록(海東姓氏錄)』을 만들었다는 기사가 있는데, 현재 그 실물은 없다. 홍여하(洪汝河, 1620~1674)의 문집을 보면 『해동성원(海東姓苑)』이라는 만성보도 있었다.

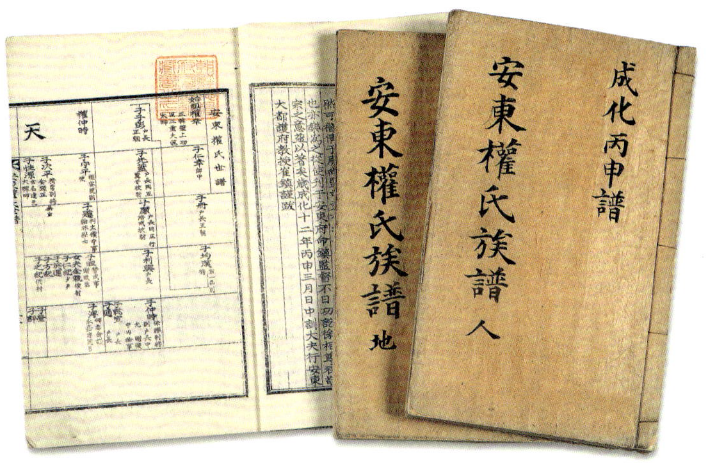

안동 권씨 성화보

만성보나 대동보와 같은 합동 계보로서의 족보는 18세기 후반에 이르면 전성을 이룬다.

족보의 기능

족보는 사적인 문서다. 하지만 신분을 확인할 목적으로 통용되었기 때문에 공적인 성격도 띤다. 더구나 족보 작성에 직간접의 통제가 있었으니 더욱 그러하다. 족보의 기능은 족보를 만드는 동기에 잘 나타나는데, 그것은 족보의 소유 유무가 곧 당사자 자신의 사회적 배경을 나타낼 뿐 아니라 거기에 실린 내용이 자신의 신분을 증빙하는 근거가 되기 때문이다.

조선의 신분은 후기에 이를수록 세습적인 측면이 강조되기 때문에 자신의 정체성은 자신이 어느 가문 사람이며 누구의 몇 대 손인가로 규정되기에 이른다. 족보를 위조하는 동기도 바로 이 공적인 기능 때문이다. 족보상에 서자(庶子)임을 표시하는 '庶' 자를 빼려는 것도 마찬가지다. 서얼에 대한 차대(差待)가 없다면 그러한 일도 없을 것이다.

이전 족보에 무후(无后), 즉 손이 없던 사람이 다음 족보에 후손이 생기면 이는 다음의 두 가지 경우 중 하나에 해당한다. 이전 족보를 간행할 때 이름을 미처 넣지 못해 빠진 것을 다음 족보 때 후손이 복구한 것이거나 아니면 그 집안과 무관한 사람이 금품 등을 주고 없던 자식으로 둔갑한 경우다. 이긍익(李肯翊, 1736~1806)의 『연려실기술(燃藜室記述)』 별집(제14권 文藝典故)에 다음과 같은 기사가 나온다.

> 근래 들으니 향간에 이러한 사람이 있다고 한다. 족보를 많이 모아 집에 은밀히 감추어 두었다가, 조상 계보를 몰라 어떤 가문이든 붙으려는 자가 있는지 사람을 부려 찾은 다음 그자에게 접근하여 많은 뇌물을 받고 족보를 뒤져 그중 자손이 없거나 이름이 잘 알려지지 않은 자를 골라서 이름자를 바꾸고 세대를 안배해 주었다.

정약용(丁若鏞, 1762~1836)도 『목민심서(牧民心書)』(권8, 兵典 제1조 簽丁)에서 몰래 귀족 계보를 보아 대가 끊어진 파에 일족이 아닌 자들을 붙여 아비와 조상을 바꾸는 일들이 벌어짐을 개탄하였다. 그는 이러한 행태를 환부역조(換父易祖)라고 하였다. 옛날 족보에는 후손이 없다고 되어 있는데 그 다음 족보를 만들 때 지방 어디에 산다고 하면서 단자를 만들어 온 자손이 있다면 바로 이런 경우가 아닌지 의심을

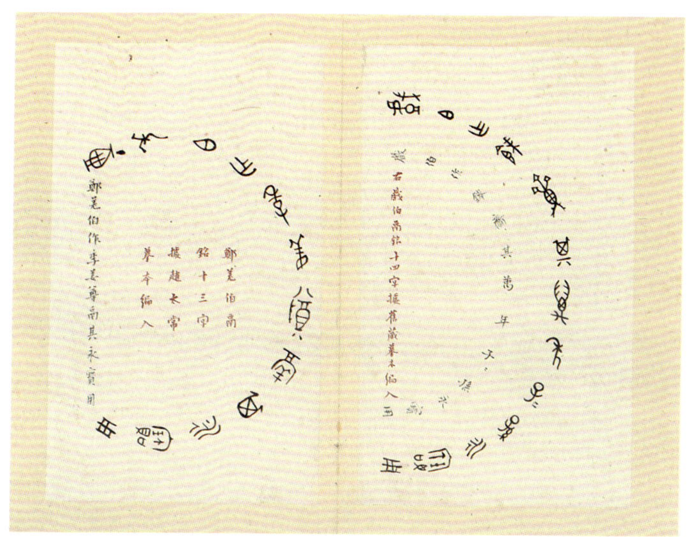

다산 정약용 유묵 조선, 19세기, 국립중앙박물관소장

받게 될 것이다.

거꾸로 정작 당당한 후손임에도 본의 아니게 족보에 이름이 빠짐으로써 군역이나 잡역을 면제받지 못하는 일도 발생하였다. 부당하게 양역(良役)이 부과되었다면서 도포를 입고 고급 신발인 당혜를 신고 비단보에 싼 족보를 품에 안은 채 관청 뜰로 들어와 항변하는 자들도 많았다는데, 이러한 장면 역시 족보의 기능을 잘 보여준다.

卒 子昭文 子渭 子瑗
子沆
子浩
子漸
子洙
子宗藝 無嗣
子宗瓊 無嗣
子禮 子暐 子昭輸 子文質 子士元
欽定四庫全書 嘉祐集 卷十四 四
子文圭 子士能
子士良
子士寧
子士嘉
子士宗
子晙 子昭遇 無嗣
子昭遠 無嗣
子昭逸 無嗣

子昭建 無嗣
子暕 無嗣
子祐 子宗藹 子昭玘 子文實 子惟忠
子惟恭
子文實 無嗣
子昭現 子文采 子士祥
子宗著 子德譙 子永
子諱祜 子宗善 子昭圖 子惟益 子允元
欽定四庫全書 嘉祐集 卷十四 五
不仕娶 子允滋
李氏享 子惟吉 無嗣
年五十 子昭越 無嗣
四七月 子宗晏 子昭 缺 無嗣
三十日 子宗昇 子德榮 子晳 子瑆
卒 子瑜
子德升 子淳 子舟
子德元 子汶

소씨 족보(蘇氏族譜), 『가우집(嘉祐集)』(欽定四庫全書 수록)

2. 족보의 역사

성씨와 본관의 발생

성씨(姓氏)는 성(姓)과 씨(氏)를 결합한 말인데, 중국에서는 성은 천자(天子)에게서 생기고 씨는 제후(諸侯)에게서 생겼다고 한다. 『예기(禮記)』의 대전정의(大傳正義) 편에 의하면 "제후가 경대부(卿大夫)에게 씨를 내려준다"고 하였다. 천자가 제후에게 출생 지명을 따라 성을 주고 봉(封)한 지명을 따라 씨를 명하였으므로, 성은 그 조상의 근본을 통할하고 씨는 그 자손의 유래를 분별한다고 한다. 천자는 성과 씨를 줄 수 있지만 제후는 씨만 줄 수 있고 성은 줄 수 없다. 또한 성을 씨로 호칭할 수 없고 씨를 성으로 호칭할 수 없으며, 성은 혼인(婚姻) 관계를 분별하고 씨는 귀천(貴賤)의 등위를 분별한다고 한다.

이렇게 성과 씨를 구분하던 것을 한나라 때부터 사람들이 이를 통틀어서 성(姓)으로 호칭하게 되었다. 고염무(顧炎武, 1613~1682)는 씨와 족이란 용어의 잘못된 관례에 대해 설명하면서 주자(朱子)가 쓴 『논어』와 『맹자』 주석에 태공(太公)의 성은 강(姜), 씨는 여(呂), 이름은 상(尙)이라 한 것은 성과 씨를 분명하게 구별한 것이라고 하였다.

송의 정초(鄭樵)는 『통지략(通志略)』 중 「씨족지(氏族志)」 서문에서 중국 역대에 걸쳐 다음의 32가지 방식으로 성씨가 취득되었다고 했다.

1. 국(國)으로	2. 읍(邑)으로	3. 향(鄕)으로
4. 정(亭)으로	5. 지(地)로	6. 성(姓)으로
7. 자(字)로	8. 명(名)으로	9. 차(次)로
10. 족(族)으로	11. 관(官)으로	12. 작(爵)으로
13. 흉덕(凶德)으로	14. 길덕(吉德)으로	15. 기(技)로
16. 사건으로	17. 시(諡)로	18. 작계(爵系)로
19. 국계(國系)로	20. 족계(族系) 로	21. 명씨(名氏)로
22. 국작(國爵)으로	23. 읍계(邑系)로	24. 관명(官名)으로
25. 읍시(邑諡)로	26. 시씨(諡氏)로	27. 작시(爵諡)로
28. 대북(代北)의 복성(複姓)	29. 관서(關西)의 복성	30. 모든 지방의 복성
31. 대북(代北)의 삼자성(三字姓)		32. 대북의 사자성(四字姓)

나라 이름을 성씨로 한 예는 우(虞)·하(夏)·상(商)·주(周)·노(魯)·위(衛)·제(齊)·송(宋) 등이다. 읍 이름을 성씨로 한 예는 최(崔)·노(魯)·포(鮑)·안(晏)·장(臧)·비(費) 등이다. 향 이름을 성씨로 한 예는 배(裵)·육(陸)·방(龐)·염(閻) 등이다. 정자 이름을 성씨로 한 예는 미(麋)·채(采)·구양(歐陽) 등이다. 땅 이름을 성씨로 한 예로 부암(傅巖)에서 주거한 자는 부(傅)를, 혜산(嵇山)에 이주(移住)한 자는 혜(嵇)를 씨로 삼는 것인데, 다른 예로 지(池)·구(丘)·상구(桑丘) 등이 있다.

그밖에 차(次)로 씨를 삼았다고 하는 것은 장유(長幼)의 서차, 즉 백(伯)·중(仲)·숙(叔)·계(季)가 들어간 경우를 말한다. 작위 이름을 성씨로 한 예는 황(皇)·공(公)·후(侯) 등이고, 직업을 성씨로 한 예는 무

(巫)·도(陶)·장(匠)·복(卜) 등이며, 관명을 성씨로 한 예는 여상(呂相)·윤오(尹午)·사연(師延) 등이다. 일본인 학자 이나가키(田崎仁義)에 의하면 중국 성씨는 1,745종에 이른다고 한다.

영조 때 사람 조엄(趙曮, 1719~1777)은 『해사일기(海槎日記)』에서 "일본의 대성은 평(平)·원(源)·등(藤)·귤(橘) 등 네 성인데, 이들은 모두 사성(賜姓)이라 하니 혹 성씨를 바꾸는 데 어려움이 없어서인가? 놀랍고 놀랍다"고 하였다(『海槎日記』 5, 6월 14일: "日本之大姓 是平源藤橘四姓 而皆是賜姓云 毋或無難於改易姓氏耶 可駭可駭"). 이것은 한 해 전 부산에 정관(正官)으로 온 등여경(藤如卿)이 일 년 사이에 평여경(平如卿)으로 성이 바뀐 것을 두고 이른 말로 창씨(創氏)나 개성(改姓)이 자유로운 일본의 사정을 몰랐기 때문이다.

최남선은 잡지 『괴기(怪奇)』(창간호)에서 "천자가 출생지를 근거로 성을 내렸다(天子建德因生以賜姓)고 한 것을 우리의 사실에 비의(比擬)해 볼 것 같으면 대개 성은 혈통의 연원을 의미하는 것으로서 역시 우리의 성이란 것에 당(當)할 것이며, 씨란 것은 같은 성에서도 소유한 토지로써 분별한 것이매 우리의 본(本, 貫鄕)이란 것에 당(當)할 것이다"고 하였다.

그러나 중국이나 우리나라나 오래전부터 성과 씨를 구분하지 않고 써왔기 때문에 굳이 씨를 본관에 비유할 필요는 없다. 단지 중국은 이전에 성과 씨를 구분한 적이 있어 씨를 바꾸기가 좀 더 자유로울 뿐이다. 예컨대 정백휴부(程伯休父)는 주나라 선왕(宣王) 때의 대부인데 그를 사마(司馬)로 삼았기 때문에 사마씨(司馬氏)의 선조가 된 것이며, 따라서 사마씨가 성을 정(程)이라고 해도 크게 어긋난 일이 아니라고 여기는 것이다.

진흥왕 순수비 국립중앙박물관 소장

우리나라의 성씨는 토성(土姓)으로는 삼한(三韓)과 삼국시대 왕공(王公)들의 후예가 많고 그 나머지는 혹 하사된 성이거나 혹 중국에서 나온 성인데, 제각기 보계(譜系)가 있어 중국의 성씨와는 달리 상고하기 어렵지 않다고 한다. 그러나 엄밀히 따지면 그렇지도 않다. 우리가 중국식 한자 성을 쓰기 시작한 것은 여러 시조 설화의 시기보다 훨씬 뒤로 중국 문화를 본격적으로 수입한 이후의 일이기 때문이다.

고구려는 5세기에 들어서 장수왕(394~491) 때 비로소 고씨 성을 썼고, 백제는 근초고왕(346~374) 때부터 여씨라고 하였다가 무왕(600~640) 때부터 부여씨라 하였으며, 신라는 6세기 중반인 진흥왕 시대 이후로 김씨 성을 사용하였다. 실제 진흥왕 순수비에는 중국식 한자 성칭이 하나도 발견되지 않는다. 북한의 민속학자 전장석은 원시 씨족 공동체의 붕괴와 함께 씨족명이 성씨로 옮겨졌다고 한다. 예컨대 『삼국사기』(권23, 백제본기 제1)에는 백제 시조 온조가 성을 부여로 한 데 대하여 "그의 조상 계통이 고구려와 더불어 부여에서 같이 나왔기 때문에 '부여'로써 성을 삼았다(其世系與高句麗 同出扶餘 故以扶餘爲氏)"고 하였다. 백제는 일찍이 중국 문화를 받아들여 왕족과 일부 귀족에 한하여 고유의 성이 있었을 것으로 짐작된다.

신라 역시 당나라와의 교류 때 편의상 성을 썼을 것으로 추정된다. 씨족의 이름을 성씨로 교체하는 과정의 단계로 처음에는 한자음을 사용하여 종래의 씨족 이름을 그대로 표시한 예가 있기 때문이다. 신라의 6부명에서 급량(及梁)이나 사량(沙梁) 등이 그 예가 된다. 이것은 사성(賜姓)에 의한 것인데 이후 씨적(氏籍)이 된 것이다.

신라가 6부의 명칭을 모두 고쳤는데, 양산부(楊山部)를 고쳐 급량(及梁)이라 하고 이(李)를 성(姓)으로 내렸으며, 고허부(高墟部)는 사량(沙

梁)이라 하고 성은 최(崔), 대수부(大樹部)는 점량(漸梁, 일설에는 牟梁)이라 하고 성은 손(孫), 간진부(干珍部)는 본피(本彼)라 하고 성은 정(鄭), 가리부(加利部)는 한지(韓祗)라 하고 성은 배(裵), 명활부(明活部)는 습비(習比)라 하고 성은 설(薛)이라 하였다. 중국식 성을 받은 귀족들은 이를 통해 특권을 더욱 강화할 수 있었다. 『삼국사기』나 『당서(唐書)』 이전의 중국 정사에 기재되어 있는 삼국의 성을 보면 왕실의 성을 쓰고 있음을 알 수 있다.

고구려는 해(解) · 을(乙) · 예(禮) · 송(松) · 목(穆) · 우(于) · 주(舟) · 마(馬) · 손(孫) · 창(倉) · 동(董) · 예(芮) · 연(淵) · 명림(明臨) · 을지(乙支) 등, 백제는 사(沙) · 연(燕) · 리(劦) · 진(眞) · 해(解) · 국(國) · 목(木) · 묘(苗)의 8대 성과 왕(王) · 장(張) · 사(司) · 마(馬) · 수미(首彌) · 고미(古彌) · 흑치(黑齒) 등 10여 성씨, 신라는 왕성인 3성에 더해 육부의 6성, 즉 이(李) · 최(崔) · 손(孫) · 정(鄭) · 배(裵) · 설(薛) 등이다.

고려 때에 와서는 성씨가 매우 많아졌다. 『택리지(擇里志)』를 쓴 이중환(李重煥, 1690~1756)도 성씨의 보급 시기를 고려 초로 보았다. 고려의 성씨는 고려 초의 사성(賜姓)에 의한 성씨와 그 이전부터 있던 성씨, 그리고 중국에서 동래(東來)한 성씨 등 세 가지가 있었다고 하였다. 940년(태조 23)에 전국적으로 군현마다 토성을 나누어 정해 준 것도 이를 뒷받침한다.

『신증동국여지승람(新增東國輿地勝覽)』의 성씨조에는 각 군현마다 사성(賜姓)들이 열거되어 있다. 예컨대 충주목의 경우 서(徐) · 석(石) · 최(崔) · 유(劉) · 강(康) · 양(梁) · 진(秦) · 안(安) · 박(朴) · 매(梅)가 사성이다. 예천군의 권(權)씨는 본래 흔(昕)씨였으나 고려 신종(神宗) 원년인 1198년에 명종(明宗)의 휘(諱) 자를 피하여 권씨(權氏)로 고쳐 사성(賜

姓)하였다고 하였다. 『연려실기술』(제3권, 世宗祖故事本末)에는 선조 때 이정형(李廷馨, 1549~1607)이 엮은 『동각잡기(東閣雜記)』를 인용하여 세종조의 명신(名臣)으로 함종(咸從) 어씨 어변갑(魚變甲)을 소개하면서 그의 먼 조상인 중익(重翼)의 본성은 지씨(池氏)였는데 고려 태조가 어씨로 사성(賜姓)하였다고 하였다.

이와 같은 사성과 토성분정(土姓分定)은 우리 고유의 성관(姓貫) 제도를 형성하는 데 기여하였다. 각 읍별로 분정된 토성들은 읍치에서 직촌(直村), 읍 소속 임내(任內) 등 외곽으로 세력을 확장하면서 분관(分貫)이나 분파(分派)를 하였다. 그 결과 새로운 본관(本貫)이 형성되고 향리 성씨도 읍치의 인리성(人吏姓), 직촌의 백성성(百姓姓), 임내의 임내성(任內姓) 등으로 구분되었다(이수건, 『족보와 양반의식』, 26쪽). 이에 따라 시조, 또는 중시조가 발상(發觴)한 지명을 본관으로 표시하게 되었다. 본적(本籍) · 관적(貫籍) · 향관(鄕貫) · 족본(族本) 등은 모두 같은 말이다. 본관은 이미 신라 말기부터 나타났으며 고려 때 와서 이를 본격적으로 사용하였다.

15세기 후반부터는 그동안 세분된 본관이 점차 주읍(主邑)을 중심으로 통합되는 추세를 보인다. 이는 속현 및 향소부곡과 독자적 촌이 소멸되는 추세와 궤도를 같이한다. 이제 성씨는 한 성에서 여러 본관으로 분화되는 과정이 아니라 거꾸로 서로 다른 본관들이 하나의 성으로 소급하여 통합되는 과정이 진행된 것이다. 그러나 통합되어 같은 성이 된 후에도 그 근원이 다름을 인식하기 때문에 같은 동성이라도 본관이 다른 이본이거나 본관이 같더라도 시조가 다르면 타성으로 간주하는 경향도 동시에 생겨났다. 예를 들면 경기도에 널리 분포되어 있는 남양 홍씨의 경우 스스로를 토홍(土洪)과 당홍(唐洪)으로 구분하고, 진주

류씨들은 문화 류씨에서 분파된 토류(柳氏)와 외래한 이류(移柳) 간에 서로를 구분하는데, 그 이유가 여기에 있다.

이러한 현상이 나타난 배경에는 성씨와 본관 체계가 정착된 이후 타읍으로의 이동이 줄어들고 하층민의 신분 상승이 제한되는 등 지속적이고 안정적인 사회 기반이 뒷받침하고 있었다. 같은 본관 내에서의 분기(分岐)와 구별(區別)은 이보다 훨씬 이후에 나타나는 현상이다. 안동 김씨들이 구안동(舊安東)과 신안동(新安東)으로 구분하는 것은 이전의 일이지만 신안동에서도 경파(京派)와 향파(鄕派)를 구분한 것은 조선 후기에 와서의 일이다. 달성 서씨의 경우 서울에 정착한 경파들이 본관을 달성 대신 대구로 하려 한 것도 같은 현상이다.

양주(楊州)라는 지명은 한양(漢陽) · 남평양(南平壤) · 풍양(豊壤) 등의 다른 이름을 가졌다. 겉보기에는 이것들 간에 아무런 공통점이 없어 보이지만 범어(梵語)로 발음할 때 '버들', 또는 '버들가지'로 들려 모두 한자 표기인 '버들 양(楊)'으로 통하게 된다. 이러한 현상은 성씨의 본관 지명에서도 나타나는데, 양주 지역과 관련하여 그 대표적인 예가 조씨(趙氏)의 경우다.

고려 개국공신 조맹(趙孟)은 고려 태조가 내린 이름이다. 그가 풍양에 살았기 때문에 후손들이 풍양을 본관으로 삼았다. 풍양은 경기도 양주군에 있던 지명이다. 한양 조씨의 시조 조지수(趙之壽)는 고려 중엽에 중국에서 우리나라에 들어와 조순대부첨의중서사(朝順大夫僉議中書事)를 지냈다고 한다. 조선 개국 때 조인옥(趙仁沃) · 조온(趙溫) · 조영무(趙英茂) 등이 공신으로 활약하였는데, 거주지를 따라 본관을 한양으로 하였다. 양주 조씨나 평양 조씨도 이름만 다를 뿐 모두 한양을 근거지로 한 조씨들이다. 그러나 본관을 한양으로 하였더라도 모두

가 다 조지수의 후손은 아니다.

조씨들의 본관지인 한양, 양주, 양주의 속현인 풍양, 그리고 (알려진 상식과는 달리) 평양 등은 위에서 보았듯이 명칭은 다르지만 모두 '양주' 한 곳을 나타낸다. 경상도 성주((星州)의 경우도 그러한데 성주 이씨, 성산 이씨, 그리고 벽진 이씨는 성산이나 벽진이나 모두 '성주'의 이칭(異稱)이므로 이 또한 동일한 지역을 본관으로 사용한 것이다. 이들의 본관 명칭이 이와 같이 구별되는 이유는 각기 사성(賜姓) 당시의 지역 명칭을 사용하였기 때문이다. 그러나 성주 지역의 이씨들과는 달리 양주 지역의 조씨들은 비록 이칭의 본관을 사용하였지만 조선 중기 이전까지는 서로가 동일 조상의 후손으로 인식하고 있었다. 이들의 분화는 조선 중기 이후 상계(上系)에 대한 이해가 갈리면서 시작되었고 특히 족보 작성과 연계되어 각기 별도의 족보를 만듦으로써 별개의 씨족 단위로 고착되어간 듯하다.

양주와 그 별칭들은 지명뿐만 아니라 씨족의 본관 명칭으로도 인기가 있었는데, 그렇다고 아무나 쓸 수 있었던 것은 아니다. 조선의 중심지인 한양과 그 주변에 터전을 둘 수 있었던 이들의 사회적 지위가 이를 가능케 한 것이다.

『동국여지승람(東國輿地勝覽)』 성씨조에 나타나는 성씨는 실재보다 적게 기재된 것으로서 이미 한자식 성씨의 우열도 나타나 있다. 15세기 이후로는 혈통적 특권화뿐 아니라 성씨의 증가에 따른 동족의 지역적 연고를 표시하기 위해 본관이 설정되었다. 김씨는 본관의 수가 500, 이씨는 470에 이를 정도로 격증하였다. 본관 내에서도 동족 수의 급증으로 전주 이씨 같은 경우 100여 파로 나뉘어졌다. 그 결과 성씨과 본관의 관계에서 동성이본, 이성동본, 그리고 동성동본의 3종 이족

(異族)과 함께 3종 동족도 있게 되었다.

–이족인 동성이본

연안 이씨, 한산 이씨, 광산 이씨,

–이족인 이성동본

경주 최씨, 경주 이씨, 경주 김씨,

–이족인 동성동본

남양 홍씨의 토홍(土洪)과 당홍(唐洪)

–동족인 동성이본

강릉 김씨와 광주(光州) 김씨: 양자가 모두 신라 김알지 후손이다.

–동족인 이성동본

안동 김씨와 안동 권씨: 원래는 동성이었으나 사성 등으로 하나가 개성(改姓)

–동족인 동성동본

대부분의 경우가 이에 해당한다.

18, 19세기로 접어들면서 같은 본관을 가진 성씨끼리 합본하는 일이 하나의 풍속이 될 만큼 흔해졌다. 현조(顯祖), 즉 유명한 조상이 없거나 족보가 부실한 성씨들의 경우에 더욱 심하게 나타났다. 이른바 명조(名祖) 중심으로 본관을 합치는 현상이 가속화되어 『세종실록지리지(世宗實錄地理志)』가 편찬될 당시 450여 개였던 본관이 19세기에 와서는 200여 개로 절반 이상 줄어들었다. 예를 들면 경상도 안동부 봉화의 옹천(甕川) 강씨(姜氏)가 진주 강씨로 합본한 경우다.

합본이 가장 빈번하게 이루어지는 경우는 같은 지명을 본관으로 쓰는 가문들끼리다. 시조가 다르거나 계촌(計寸), 즉 촌수가 맞지 않은 종중들을 합치려니 무리가 따르는 것은 당연하였다. 여주 이씨 중에 수원파, 경주파, 그리고 밀양파가 그 예다. 때문에 이를 해결하는 수단으로 별보(別譜)나 별록(別錄)이 생겨났다. 한양 조씨의 경우도 그 예가 될 것이다.

본관을 달리하는 동성들이 본관은 그대로 둔 채 합보(合譜)를 만들기도 한다. 최근의 일이지만 『오씨대동보(吳氏大同譜)』(1962년)가 그러한 예다. 여기에는 해주 · 나주 · 동복 · 보성 · 화순 · 함양 · 장흥 · 평해 · 군위 · 두원(荳原) 등 본관이 다른 10개의 오씨가 있다. 그런데 족보를 보면 본관을 달리하지만 세계를 올라가면 동일 조상으로 만난다. 즉 이 대동보에 실린 오씨들은 본관이 다른 것을 파가 다른 것 정도로 인식한 것이다.

해주 오씨는 984년(성종 3)에 송나라 대학사로서 고려에 와서 검교감, 군기감을 지내고 해주(海州)에 정착한 오인유(吳仁裕)를 시조로 하는데, 후에 신라 지증왕 원년인 500년에 입국하였다는 오첨(吳瞻)으로 거슬러 그로부터 24세 손인 오현보(吳賢輔)를 시조로 하는 파가 생겼다. 즉 1216년(고종 3)에 거란족이 침공하였을 때 23세 오수권(吳守權)의 세 아들인 오현보(吳賢輔), 오현좌(吳賢佐), 오현필(吳賢弼) 3형제가 이를 토벌한 공으로 각기 해주(海州), 동복(同福), 그리고 보성(寶城) 땅을 나라로부터 하사받아 그 본으로 삼게 되었기 때문이다. 원래 3개 본이었던 오씨는 그 후 14개 본으로 나뉘게 되었다. 그러나 여전히 오인유(吳仁裕)를 시조로 하는 해주 오씨가 있고, 오녕(吳寧)을 시조로 하는 동복 오씨가 있다.

차씨와 류씨는 선조가 동일하다고 하여 서로 통혼도 하지 않는다. 이

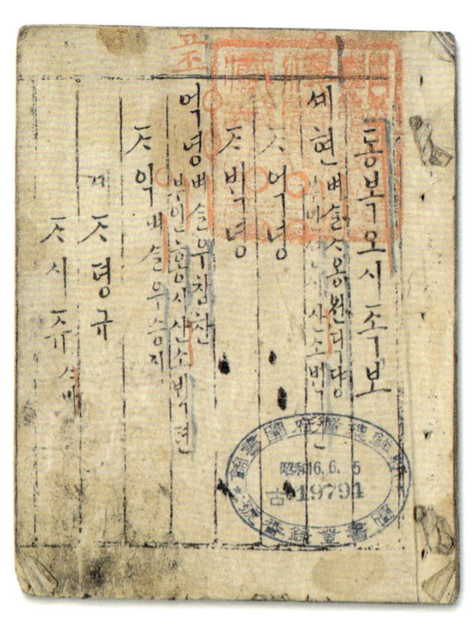

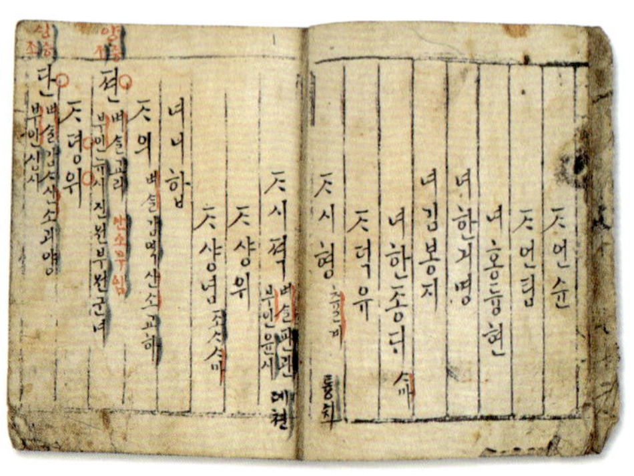

동복 오씨 한글보

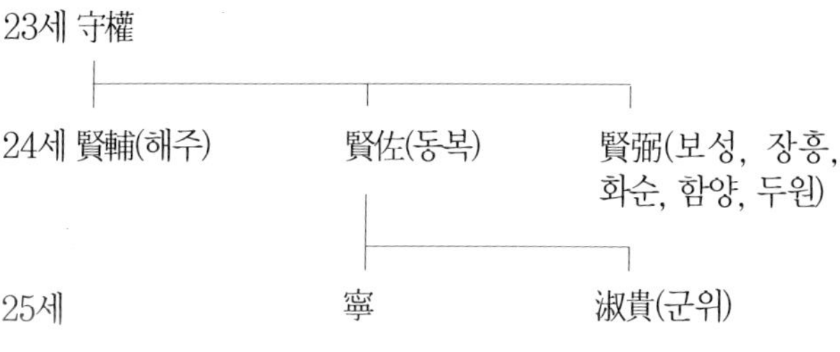

* ( )는 본관 명칭

러한 의식을 바탕으로 『차류대동보(車柳大同譜)』(1932, 3권 3책, 밀양 차류대동보소)라는 대동보도 함께 만들었다.

왕족의 족보

역대 왕 및 왕족의 계보를 체계화한 최초의 문헌은 최치원(崔致遠)이 신라 말기에 만든 『제왕연대력(帝王年代曆)』이라고 전해진다. 고려 시대에는 국초부터 성씨 체계의 토대를 마련하였고 고려 중엽 이후에는 『왕대실록(王代實錄)』 등이 작성되었다. 고려 태조의 세계(世系)를 기록한 책으로 『성원록(聖源錄)』이 있었다고 하는데 전해지지 않고, 단지 문헌상으로는 김관의(金寬毅)의 『편년통록(編年通錄)』 등과 함께 고려 왕실의 계통을 고증하는 데 인용된 책이었다고 알려져 있다. 일본 사이타마현(埼玉縣)에 있는 「고려씨계도(高麗氏系圖)」 역시 고려 왕족의 계보를 파악하는 단서가 된다. 이 계보도의 앞부분은 화재로 소실되어 다시 쓴 것이며 57대까지 기록되어 있다.

고려에는 문종 이래로 가보(家寶)·가첩(家帖) 등의 용어가 있었던 것으로 보아 왕실이나 귀족들도 가계에 대한 체계적인 기록을 가지고 있었을 것으로 보이나 별도로 당대마다 계보를 정리·기록해 두는 기관을 두지는 않았다. 선원(璿源)은 왕실의 계통, 또는 계보란 의미다. 이것은 『선원보(璿源譜)』나 『선원계보기략(璿源系譜記略)』이라는 왕실 족보의 약칭이기도 하다. 대개 『선원보』라고 할 때는 『선원록(璿源錄)』, 『종친록(宗親錄)』, 그리고 『유부록(類附錄)』의 3가지를 말한다. 『선원보략(璿源譜略)』은 왕실 및 그 일족의 보첩을 요약한 것이다.

조선 왕실에서는 1412년(태종 12)에 『선원록(璿源錄)』과 『종친록(宗親錄)』을 만들었고, 종실 내부에서의 적서(嫡庶) 구분을 명확히 하기 위하여 『국조보첩(國朝譜牒)』·『당대선원록(當代璿源錄)』·『열성팔고조도(列聖八高祖圖)』 등과 외척·부마를 수록한 『돈녕보첩(敦寧譜牒)』을 편찬하였다. 조선 왕실이 일반 족보 형식의 책을 갖게 된 것은 숙종 때다. 1679년(숙종 5) 2월 15일에 선조 임금의 친손인 낭원군(郎源君) 간(偘)이 역대 임금들의 세계(世系)와 내외 자손(內外子孫)을 모아 편집하여 『선원보략(璿源譜略)』이라 이름 짓고 상소를 갖추어 바치니 임금이 이를 간행하도록 명하였다. 1680년(숙종 6)에는 선원록 이정청과 교정청을 두고 『선원계보기략』을 만들었다. 이 책은 태조 때부터 현종 때까지의 선원록을 기초로 새로 만든 왕실 세보(世譜)다. 이후 새 왕이 즉위할 때마다 보간(補刊)하였다.

이후 왕실에는 교정청을 별도로 설치하여 『선원록』 수정 업무를 맡아보게 하다가 1757년부터는 종부시(宗簿寺)에서, 종부시가 종친부(宗親府)에 합쳐진 1864년(고종 1)부터는 종친부 주관으로 그 업무가 계속되

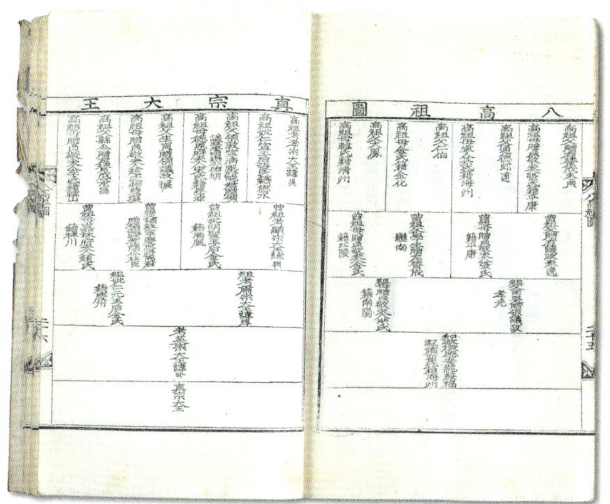

선원보략 팔고조도

선원보략 표지

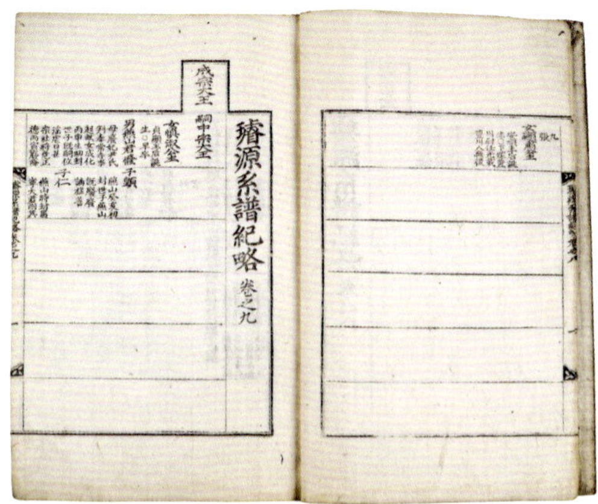

成宗大王

璿源系譜紀略 卷之九

선원계보기략(성종)

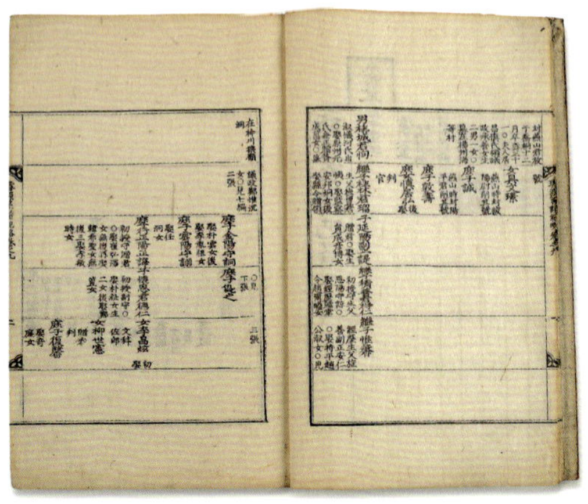

선원계보기략(성종)

었다. 이 책은 1931년에 이르기까지 각 왕대에서 부정기적으로 교정을 보고 보완하여 신하들에게 반포되었다.

한편 종법(宗法)에 따라 왕의 형제들, 즉 대군(大君)이나 군(君)을 대종(大宗)의 파시조로 하는 전주 이씨 자손들은 제각기 『선원속보(璿源續譜)』를 만들어 왕실의 『선원보』와 연결시켰다. 조선의 왕족은 전주를 본관으로 하는 이씨다. 전주를 본관으로 해도 모두가 다 왕족은 아니며 앞서 언급한 선원보에 이름이 올라가 있어야 한다. 그런데 왕족으로 인정되는 대수는 4~5대에 머물기 때문에, 일반인과 같은 신분이 된 이들이 따로 파보를 만들었는데, 그 이름 역시 『선원속보(璿源續譜)』라고 붙였다.

한말 이후 일제를 거치면서 이씨 왕권이 상실되자 신라의 박 · 석 · 김 3성과 고려의 개성 왕씨 등 이전 시기의 왕족 성씨들이 새롭게 선대가 왕족이었음을 나타내는 선원(璿源) · 왕손(王系) 등의 표현을 넣어 족보를 만드는 경향도 생겨났다.

선원록을 작성하기 위해서는 임시 기구인 선록청(璿錄廳)을 설치한다. 선원가현록도감(璿源加現錄都監)은 선원록을 교정보고 보완하여 간행하기 위해 설치하는 임시 관아다. 어첩(御牒) · 선원계보기략(璿源系譜記略) · 어제(御製) · 어필(御筆) · 어압(御押) · 존호(尊號) · 지장(誌狀) · 세자행록(世子行錄) · 종반행적(宗班行蹟) 등 왕실 문서는 선원각(璿源閣)에 보관한다.

왕실의 친척을 돈녕(敦寧)이라고 한다. 돈녕의 범위는 왕의 동성(同姓)은 9촌 이내, 이성(異姓)은 6촌 이내, 왕비의 동성은 8촌 이내, 이성은 5촌 이내, 세자빈(世子嬪)의 동성은 6촌 이내, 이성은 3촌 이내에 드는 사람이다. 돈녕부(敦寧府)는 돈녕간의 친목을 위해 사무를 처리하는 관청이다. 여기에도 족보청(族譜廳)이 있어 『돈녕보첩(敦寧譜牒)』을 만들었다.

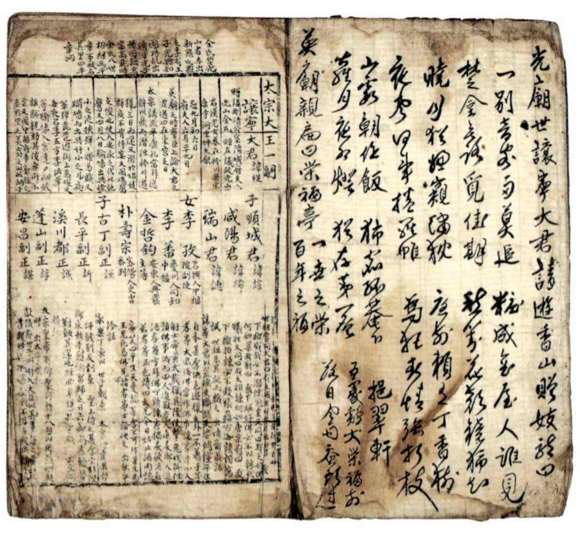

족보중초 양녕대군 내외손 25파를 기록. 국립중앙박물관 소장

『실록』이나 『선원보략』의 편찬을 마치면 네 질을 만들어 강화 정족산, 무주 덕유산, 강릉 오대산, 봉화 태백산 등의 사고(史庫)에 나누어 보내 오래도록 전하게 한다. 원고(原稿)는 폐기하는데 이를 세초(洗草)라고 하였다. 초(草)했던 원고나 폐기 문서를 물에 빨아 먹물을 빼고 환지(還紙)를 만드는 데 이용하였으므로 이런 말이 생겼다.

현재 이씨의 수는 김씨 다음으로 많고 본관으로 따지면 전주 이씨는 김해 김씨와 밀양 박씨 다음으로 많다. 김씨와 박씨가 이씨보다 역사가 앞선 것을 고려하면 당연한 일이지만 두 성씨와 이씨 간의 차이가 그리 크지 않은 것은 전주 이씨의 증가에는 생물학적인 증가를 훨씬 넘어서게 하는 여러 사회적 요인들이 있었기 때문이다.

전주 이씨들이 가장 많이 분포하는 지역은 경기도다. 경기도는 다른 도에 비해 왕실 소유의 땅이 많은 곳이다. 왕족은 궁궐 연회 때 종친(宗親) 자격으로 참석하는 일이 많아 도성과 비교적 가까운 거리에 거주지를 정하였다. 한편 경기도는 다른 지방, 특히 충청 · 전라 · 경상의 삼남 지방에 비하면 군현 단위에서의 양반들의 관계망이 조밀하지 않고 이에 따라 향권 경쟁도 약한 편이다. 즉, 역설적으로 경기 지역 내에는 세력이 강한 성씨들이 많은 데 반해 이들 씨족 간의 경쟁은 타도에 비해 오히려 약한 편이다. 그렇기 때문에 족보의 위조나 신분상의 모칭(冒稱)이 쉽고, 특히 그중에서도 전주 이씨가 그 대상이 되어 왔다.

한편 김해 김씨와 밀양 박씨가 많은 이유는 그 기원이 너무 올라가기 때문인 데 반해 전주 이씨의 경우는 그 실체가 파악되지 않거나 또는 기록에 없는 종친과 그 후손들이 많기 때문이다. 1909년에 민적부(民籍簿)가 작성될 때도 이 세 성씨로써 새로 성을 갖게 된 사람들이 많았다고 한다. 『선원보』와 연결되지 않은 『선원속보』가 일제 시기에 양산(量産)된 것도 그 배경에는 이러한 요인이 있었을 것으로 보인다.

조선의 왕족들은 일제하에서 천황 밑의 왕족으로 사는 데 안주하였다. 일제 말기에는 『선원보』가 아니라 이왕가(李王家)의 족보인 『왕공족보(王公族譜)』가 8책으로 출간되었다. 이왕가의 족보는 왕족보(王族譜)와 공족보(公族譜)로 나뉜다. 국권 상실과 함께 대한제국 황실이 이왕가로 격하되고, 그 구성원들은 왕작(王爵)과 공작(公爵)을 받았기 때문이다.

왕족보 및 공족보 제작은 1931년에 시작하여 1933년에 완성되었다. 순종이 죽고 3년상이 끝난 시점에 시작된 것이다. 이것은 대한제국기의 황실 족보를 일제하의 이왕가 수준에 맞는 족보로 바꾸고 수정하는 작업이었다. 왕공 족보는 이전의 선원보와는 형식이나 수록 내용에서 크게 다르다. 무엇보다도 왕공 족보는 일본어로 기록되어 있다는 점이 그 차이점일 것이다. 왕족보는 왕을 기준으로 생년·혼인·이력 등을 세로로 내려쓰고 왕비는 별도 항목으로 수록하였으며 그 외에는 직계 자손들이 왕족으로 수록되었다. 공족보 역시 왕족보와 같은 형식이다.

양반과 중인의 족보

앞서 언급한 것처럼 우리나라에서도 조선에 들어와 사대부들이 종법을 받아들여 대종을 구성하는 경향이 나타났다. 남송의 성리학과 농업기술이 2세기 이상의 시차를 두고 확산된 결과다. 우리의 경우 종법의 시행 시기는 조선 중기, 즉 16세기 전후부터로 볼 수 있다. 그런데 이보다 빨라 보이는 것은 당시의 사대부들이 그 범위를 고조부, 즉 4대조 이전으로 소급해 올라갔기 때문이다. 특히 족보를 꾸미는 과정에서 각 가문에 보관되어 있던 가승 기록과 함께 앞서의 초기 족보들이 그 근거를 마련하였고, 고려 및 그 이전 시기와 관련한 서적들이 동원되었다. 그 결과 소급된 계통에 대한 기록은 어느 정도 고증에 근거한 것부터 전혀 허구적인 것까지 다양하게 나타났다.

이와 같은 복원의 결과로 우리 고유의 토성(土姓)으로는 삼한과 삼국시대 왕공들의 후예가 많고 그 나머지는 하사된 성이거나 혹은 중국에서 나온 성들이다. 어느 경우나 제각기 보계(譜系)를 갖추게 되었다. 한번 갖춘 족보나 계보도 이후에 잘 정리된 계보첩이나 대동보 등이 나오면 이를 참고하여 수정, 보완하였다. 새로 만드는 족보는 더 말할 필요가 없다. 어떤 족보의 범례에는 "보첩을 간행한 바가 없어 각 파마다 가장(家藏)한 세승(世乘)과 동국제사(東國諸史) 및 선대의 비문(碑文)으로 성보

(成譜)한다"고 밝혔다. 족보가 어떤 자료를 근거로 한 것인지 잘 나타내는 말이다. 보학(譜學)의 발달도 이에 한몫하였다.

다음은 초창기에 족보 작성의 근거가 된 문헌들이다.

『명위보(明衛譜)』는 고려 때 사람의 편저(編著)로서 송도에 소장되어 있다고 전하나 그 실체는 알 수 없다. 조선에 들어와서 가장 이른 것이 앞서 언급한 양성지의 『해동성씨록』으로 역시 실체가 전해지지 않는다. 『백가보략(百家譜略)』도 있으나 저자 미상이다.

다음은 이름난 보학자들이다.

정곤수(鄭崑壽, 1538~1602)·심희세(沈熙世, 1601~1645)·조종운(趙從耘, 1607~1683) 등은 16~17세기에 이름을 날린 보학자들이다. 17세기 중엽에 활약한 정시술(丁時述), 17세기 후반에 활약한 임경창(任慶昌)은 정곤수와 함께 보학의 대가로 불렸다. 17세기 후반에서 18세기 초에 활동한 이세주(李世胄)와 18세기 후반의 이재 황윤석(黃胤錫, 1729~1791), 19세기 중반의 함경도 이원(李原) 출신 율계 강필동(姜必東, 1793~?), 20세기 초의 구희서(具義書, 1861~1930)도 그러하다. 보학으로 이름난 인물들과 고증에 자주 동원된 종합보를 들면 다음과 같다.

『동국제성보(東國諸姓譜)』(2권)	정시술(丁時述)
『성원총록(姓苑叢錄)』(28권)	임경창(任慶昌)
『씨족보(氏族譜)』(53권)	박사정(朴思正)
『백가보(百家譜)』(10권)	허함(許涵)
『씨족원류(氏族源流)』	이경열(李景說)
『씨족원류(氏族源流)』(7권)	조종운(趙從耘)
『벌열통고(閥閱通攷)』(4권)	이덕무(李德懋)

『팔팔첩(八八帖)』	벽진(碧珍) 이모(李某)
『만성총보(萬姓叢譜)』	유언선(兪彦鏇)
『동교록(東喬錄)』(28권)	저자(著者) 미상
『백씨통보(百氏通譜)』(46권)	구희서(具羲書)

양반들의 종합보는 진신보(搢紳譜), 또는 진신세보(搢紳世譜)라고도 한다. 여기에는 각 성씨의 유명 인물을 정점으로 8세손, 혹은 10세손까지를 모아 만든 것으로 『문보(文譜)』·『무보(武譜)』·『음보(蔭譜)』·『사마보(司馬譜)』 등이 있다.

『조선세가호보(朝鮮世家號譜)』(1924년, 4책, 담양)
『무보(武譜)』(2책, 三班八世譜)
『문과팔세보(文科八世譜)』(42장)
『삼반세보(三班世譜)』(8책)
『진신보(搢紳譜)』(2권 2책, 寫本)
『문보(文譜)』(5권 5책)
『음보(蔭譜)』(2권 2책)
『조선과환보(朝鮮科宦譜)』(8책, 1918년 남원)
『남보(南譜)』(2권 2책, 寫本)
『음보(蔭譜)』(2권 2책)

조선의 양반 집안 대부분은 고려 때 향리층이었다. 이 말을 뒤집으면 조선에 들어와 향리직에서 벗어난 지방 호족들이 과거시험 등을 통해 양반이 되었다는 뜻이다. 이를 탈향적(脫鄕籍)하였다고 한다. 그런데 이 과

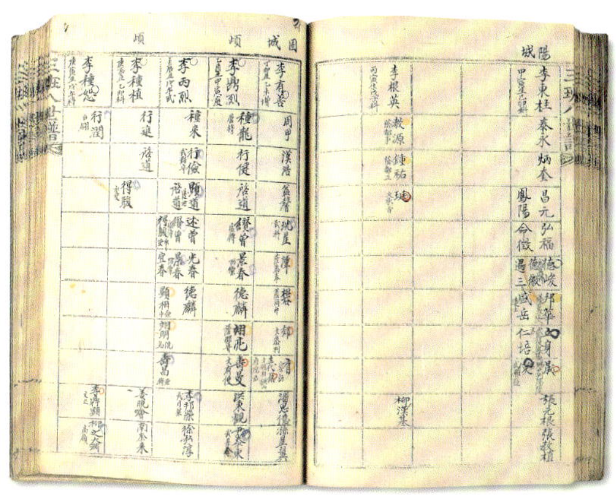

삼반팔세보

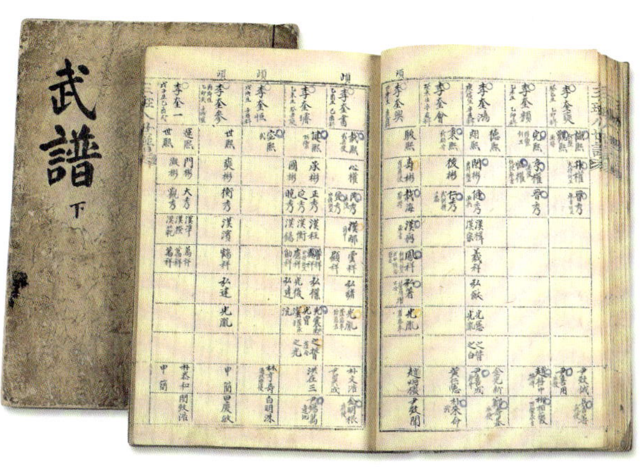

무보(표지, 내지)

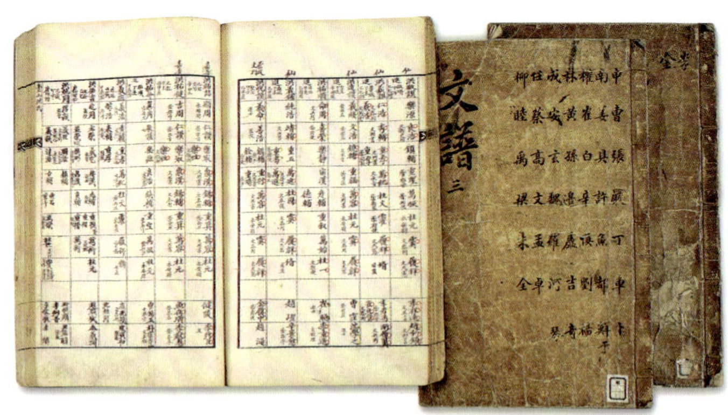

문보(표지, 내지)

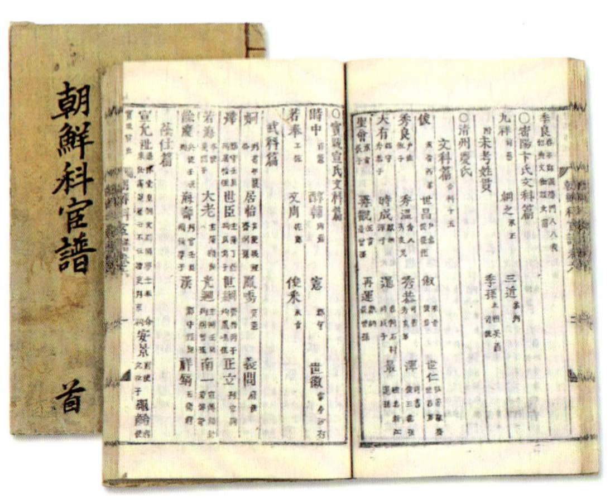

조선과환보(표지, 내지)

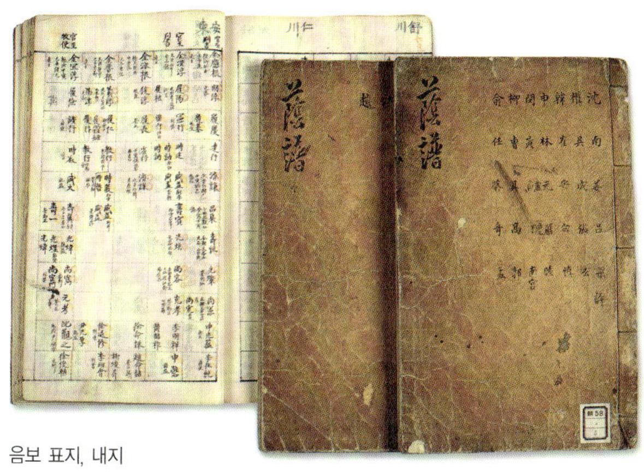
음보 표지, 내지

정에서 집안 전체가 향리층을 벗어난 것은 아니고 다수는 여전히 향리로 남아 있었다. 족보 작성이 시작되는 초·중기는 지방의 향리 신분이 크게 격하되기 이전이어서 두 층이 한 족보에 함께 실렸다.

그러다가 후기에 오면 향리와 양반 간에 신분적인 격차가 더욱 벌어지고 향리들은 낮은 신분으로 고정된다. 족보에서 향리들의 계보가 사라지는 것도 이때쯤이다. 양반 족보에서 떨어져 나오게 된 향리파는 자기들만의 별도의 족보를 만들기도 하지만 대개는 족보가 없는 상태를 유지하다가 19세기, 또는 한말에 이르러 대동보를 꾸밀 때 다시 본 족보로 합치기도 하고 향리로서의 이력을 뺀 별도의 독자적인 족보를 만들기도 하였다.

조선의 중인(中人)은 대개 역관이나 기술직을 지칭한다. 중인들의 족보로는 19세기 후반에 역관 이창현(李昌鉉)이 대표적인 중인 집안들의 족보를 종합하여 편찬한 『성원록(姓源錄)』(10冊)이 있다. 기술직인 화가

들의 계보를 기록한 『화사양가보략(畵寫兩家譜略)』(吳世昌), 『필원화가보(筆苑畵家譜)』(24장)도 있는데, 후자는 엄밀히 말하면 족보라기보다는 화원 계보라 해야 할 것이다.

중인 기술직은 잡과(雜科) 시험을 거치므로 세습직은 아니지만 실제는 대대로 직을 이어오는 경향이 있다. 충주 지씨의 한 일파는 천문지리의 대가를 배출한 집안으로 유명하다. 그러나 지씨 대동보는 고려 이전부터 내려오는 모든 분파를 망라한 것이어서 중인 족보라고 하기는 힘들다. 17권으로 구성된 『지씨홍사(池氏鴻史)』는 1750년(영조 26)에 지광한(池光翰, 1695~1756)이 편집, 간행하였다. 내용은 기전(記傳)과 성보(姓譜)로 구성되어 있는데 운자(韻字), 즉 발음 순서로 편집되어 있다. 그런데 지나친 역사 소급으로 자료의 신빙성이 떨어진다는 지적도 있다.

주요 중인 집안의 계보를 모은 『팔세보(八世譜)』라는 족보도 있다. 동래의 호장층인 동래 정씨들은 『호장보(戶長譜)』를 만들었다. 서파(庶派)들 역시 향리파처럼 양반 족보에서 떨어져 나갔다가 후에 다시 원 족보에 들어온 예가 많다.

부안 김씨의 족보가 처음 만들어진 것은 중종 때 사람인 김석필(金錫弼)에 의해서인데, 이것은 이들 성씨의 두 번째 족보인 갑신보(甲申譜, 1584) 서문을 통해 알 수 있다. 그러나 처음 것은 출간까지에는 이르지 못했다. 다음 족보는 을사보(乙巳譜)로 1785년(정조 9)에 간행되었다. 이 족보에서는 여러 집안의 족보나 자료를 참고하여 시조를 종전의 김의(金宜)에서 고려 의종 때의 인물로 부안 호장인 김경수(金景修)로 4대를 올려 편찬하였다. 참고한 자료는 용산(龍山) 정씨(丁氏) 집안의 만성보(萬姓譜), 이천(利川) 임씨(任氏) 집안의 성원총록(姓源叢錄) 등의 만성보류다. 네 번째는 1835년에 간행된 을미본(乙未本)이다. 1860년에는 경신

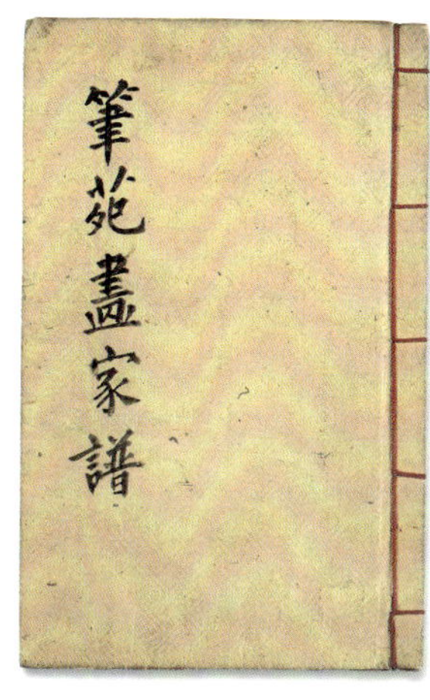

필원화가보

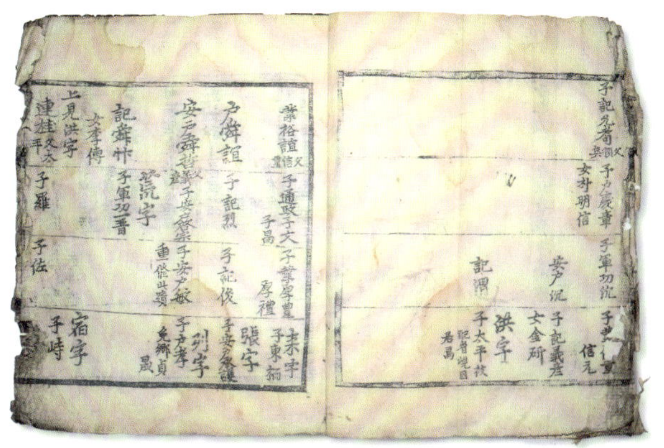

동래 정씨 호장보

파보(庚申派譜), 1868년에는 무진파보(戊辰派譜) 등 이후 각 파별로 파보가 출간되었는데 책마다 시조에 대해서는 엇갈린 기록이 보인다.

『내시보(內侍譜)』는 양자로서 대를 잇는 내시들의 족보다. 대를 내려가도 자손이 확대되지 않기 때문에 직계 계보로만 이어지는 가승의 형태를 띤다. 경기도 양주시 광적면 효촌리에는 임진왜란 당시 선조를 모신 공으로 호성공신(扈聖功臣) 3등에 책봉되고 숭록대부(崇祿大夫)에까지 오른 연양군(延陽君) 김계한(金繼韓, ?~1625)을 비롯한 직계 후손 8위(位)의 묘가 있다. 이 연양군을 시조로 하여 작성한 『연양군세계(延陽君世系)』가 있는데 일제 시기에 작성된 것이며, 필사본으로 14세(世)까지 내려온다. 내용을 보면 양자(養子)를 통해 내시직을 세습하였고 세계를 내려오면서도 양자의 성은 그대로 유지하고 본관도 적어 계출(系出)을 밝혔다. 예컨대 2세 김광택(金光澤)은 안동 김씨이고, 3세 김선필(金善弼)은 나주 김씨, 4세 정중명(鄭重明)은 하동 정씨다. 또 이들에 대한 방주(旁註)에는 배(配), 즉 부인의 품계와 본관 및 부친의 이름도 넣었다. 1920년에 작성된 『양세계보(養世系譜)』(李允默 편, 74장)도 양자로 세계를 내려온 내시보다.

족보 속의 평민과 천민

집안에 제대로 된 족보를 갖기 힘들었던 과거와는 달리 신분 차별이 제도적으로 없어진 일제 이후로는 족보가 양산되면서 족보 없는 것을 부끄럽게 여길 정도가 되었다. 족보의 유무 자체가 과거 신분을 확인하는 증거물처럼 되어 버린 것이다. 반면 일제 식민 시기와 전쟁을 겪으면서 원거리 인구 이동이 일어나고 세거지가 해체되면서 조상에 대한 기록을

연양군 김계한과 후손 8위 묘역

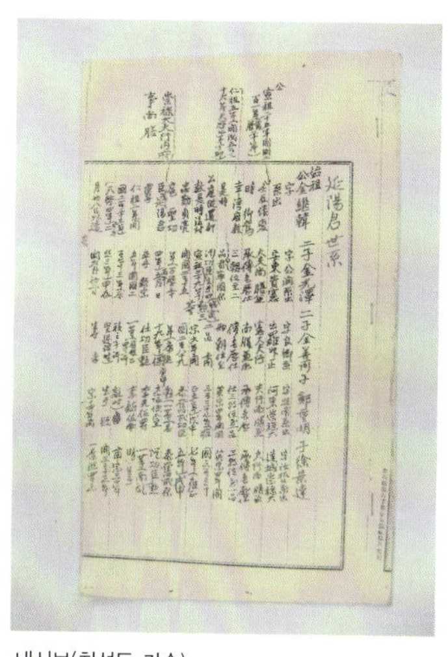

내시보(최석두 가승)

잃어버리고 족보 수단에 참여하지 못한 사람들도 많아졌다. 게다가 남북 분단으로 원래 조상에 대한 기록이 없었는지, 아니면 잃어버렸는지 아니면 찾지 못하는 것인지조차 판단할 수 없는 경우도 비일비재하다.

뿌리 찾기, 족보 간행 열기, 위조 족보 발간 등과 같은 사회현상을 대개는 부정적인 시각으로 보고, 또 그것을 당연하다고 생각한다. 족보를 귀중한 역사적 사료로 여길 경우 이러한 현상을 곱게 볼 수는 없다. 그러나 신분적 차별을 받아 왔던 당시 사람들이나 후손 입장에서 본다면 꼭 그렇지만은 않을 것이다. 족보가 없어서 조상을 부끄럽게 여긴다면 이는 오히려 유교적 논리에도 맞지 않다. 오히려 조선 시기에는 위조를 해서라도 족보를 만들고 낮은 신분을 감추려는 행위를 무조건 부정적으로만 본 것 같지 않다. 사실 더 큰 문제는 반상의 신분이나 족보의 유무가 여전히 이 시대에도 유의미하게 기능한다는 데 있다. 보학을 한다거나 족보를 연구하는 것도 자칫 이러한 오해의 표적이 될 수 있다.

1931년에 세광사라는 출판사에서 제공한 통계인데, 1920년부터 1929년까지 10년간 출간된 도서 건수 중에 족보는 1920년도에 63건, 1929년도에 178건으로 각기 1위를 차지하였다고 한다. 비록 정확성은 떨어지지만 이때가 족보 간행이 가장 활발했던 시기라는 점을 시사한 것이다. 일제 시기에는 족보 발간이 조선총독부의 허가 사항이었는데, 조선총독부 도서관을 이은 국립중앙도서관의 족보책의 수에서도 이러한 경향이 나타난다. 족보를 검색어로 검색하면 고서에 6,039건이 뜬다. 고서의 발행 연도를 시기별로 구분해 보면 시대 미상인 족보가 많음을 고려하더라도 1920~30년대에 간행된 족보의 수는 약 1,800건 정도로 전체 족보의 1/3에 달한다. 즉 이때가 족보 간행이 가장 활발한 시기였던 것이다. 물론 이 현상은 그 기간에 농업 부분에서 잉여가 증대하였고, 인쇄술이 대중화하였으며, 교통과 통신이 발달한 영향도 있었겠지만 무엇보다도 족보가 없던 사람들의 족보에 대한 수요가 증가한 결과라고 할 수 있다.

이상과 같은 현상을 전제하고 동일한 집안에서 조선 시기에 간행한 족보와 일제 시기에 간행한 족보를 비교했을 때 후자에 새로 등장한 가계가 있다면 이는 필시 이전 시기에는 족보가 없었을 확률이 높다. 뒤늦게 양반층에 합류하려는 노력이 오히려 역으로 이전 신분을 노출하는 결과를 초래할 수도 있는 것이다.

족보가 전통시대의 신분관계를 이해하는 데 중요한 자료가 되는 또 다른 이유는 그 속에서 집안간의 통혼망(通婚網)을 읽어낼 수 있기 때문이다. 이것은 실제 해당 지역에 들어가면 그 실상을 더욱 구체적으로 파악할 수 있다. 통덕랑(通德郎)이나 가선대부(嘉善大夫)와 같은 납속(納粟)의 흔적이 있는 관직명도 이와 관련한 또 다른 정보다. 즉 족보의 허구성은 읽기에 따라서는 오히려 사실을 밝히는 정보의 소스가 될 수 있는 것이다.

집안에 족보가 없거나 족보에 이름이 없다고 하여 신분이 낮았을 것으로 보는 것은 옳지 않다. 1934년에 간행된 『경주김씨족보(慶州金氏族譜)』의 범례는 이와 관련한 정황을 잘 설명하고 있다. 즉 "동종지인(同宗之人) 중 중간에 연락이 끊어진 부전세자(不傳世者)나 혹 잔미(殘微)해져 일어나기 힘든 불능진자(不能振者), 족보를 만들 때 단자(單子)를 가져오지 않은 집안 등은 개수(改修) 때 단자를 가져오게 할 것이며 가져온 단자가 명백한 근거가 없을 시는 원보(原譜)에 싣지 않는다. 그러므로 구보(舊譜)에 누락된 집안은 집에서 보관하고 있는 문적(文籍)과 장적(帳籍) 등을 근거로 파계(派系)를 명백히 한 후에 족보에 올려야 한다"고 하고 있다.

독자적인 족보를 만들지 않고도 족보에 이름을 올리기 위해서는 족보 작성의 주체와 동종임을 증명할 만한 문서 자료와 호구단자 등이 필요하다. 족보의 작성은 후손들로부터 단자를 받는 수단(收單)을 통해 이루어진다. 수단(修單)은 이렇게 받은 단자를 각 지파별로 지정된 유사(有司)들이 족보에 등재될 이름이나 행적 등의 내용을 파악하여 정리하는 것,

또는 그 문서를 말한다. 일반적으로 쓰는 용어는 전자다. 이전 족보 작성 때 단자를 제출하지 않은데다가 증거 자료를 잃어버렸다면 그는 범례에 따라 족보에 오를 수 없게 된다. 그렇다고 그가 동종이 아니라고 잘라 말할 수는 없을 것이다. 문제는 그러한 이유로 족보에 이름을 올리지 못한 후손들은 설사 그가 양반 출신이었다고 하더라도 사회적으로 이를 인정받을 길은 없어 보인다.

양반이나 중인이 아닌 신분으로 계보를 남긴 사회층으로는 노비가 있다. 물론 이것은 노비가 직접 만든 것은 아니고 이들을 관리하는 자들이 만든 것이다. 『노비보(奴婢譜)』가 그것인데, 전라남도 장성군의 필암서원(筆巖書院) 문서 중에 들어 있다. 내용은 18세기경 필암서원 소속 노비의 인적 사항을 적은 것이다. 노비보가 계보의 성격을 띨 수 있었던 것은 종모법(從母法)에 따라 출생의 내력이 함께 기록되기 때문이다. 그래서 노비보는 자연히 모계로 이어지는 계보의 성격을 갖는다.

일제의 창씨개명과 족보

일제 시기인 1930년도에 우리나라 성씨의 수는 341성으로 파악되었다. 국세조사(國勢調査)에 의한 통계는 『朝鮮の姓』(善生永助, 1934년)에 나오는데 세대주의 성을 기준으로 250성이다. 『朝鮮の姓名氏族に關する研究調査』(今村鞆, 1934년)에는 호적부 통계가 제시되어 있는데 326성이다. 국세조사에만 나타난 성은 15종이므로 둘을 합치면 341성이 된다. 1975년의 남한 통계에는 성씨 수는 100가구 이상이 170성이고, 100가구 미만이 79성으로 모두 249성을 이루었다. 북한 지역을 제외한 최근 통계에 의하면 전국의 성씨는 모두 274종으로 이를 인구가 많은 성

필암서원

씨순으로 열거하면 다음 표와 같다.

	1	2	3	4	5	6	7	8	9	10
0	金	李	朴	崔	鄭	姜	趙	尹	張	林
1	韓	申	吳	徐	權	黃	宋	安	柳	洪
2	全	高	文	孫	梁	裵	白	曺	許	南
3	沈	劉	盧	河	俞	丁	成	郭	車	具
4	禹	朱	羅	任	田	閔	辛	池	陳	嚴
5	元	蔡	千	方	楊	孔	玄	康	咸	卞
6	魯	廉	邊	呂	秋	都	愼	石	蘇	薛
7	宣	周	吉	馬	延	表	魏	明	奇	房

8	潘	王	琴	玉	陸	印	孟	諸	卓	秦
9	南宮	蔣	牟	鞠	魚	余	殷	片	龍	芮
10	丘	奉	庾	慶	程	晉	史	夫	皇甫	昔
11	賈	太	卜	睦	桂	皮	邢	菜	杜	智
12	甘	董	陰	溫	章	景	諸葛	司空	扈	左
13	鮮于	葛	范	夏	錢	賓	彭	西門	邵	承
14	施	尙	簡	化	偰	公	彊	彬	柴	韋
15	眞	胡	路	于	班	天	段	甄	國	筍
16	陶	唐	强	毛	邦	龐	昌	樑	獨孤	邕
17	平	昇	鐘	葉	墨	麻	弓	大	氷	道
18	堅	斤	馮	箕	袁	連	菊	永	異	浪
19	漢	阿	莊	乃	邱	萬	采	海	倉	伊
20	喬	判	包	楚	梅	君	姚	弼	占	舜
21	曲	鳳	松	東方	介	米	凡	俊	淳	洙
22	夜	慈	宗	西	汝	水	雲	雷	燕	頓
23	彈	肖	剛	舍	森	敦	雍	奈	扁	艾
24	襄	星	後	芸	單	丕	榮	順	端	謝
25	鄒	欒	苗	橋	郝	傅	齊	影	譚	桓
26	候	綱切	十走	興	頭	鎬	椿	賴	樓	邸
27	岡田	小峰	長谷	初						

일제 시기에 들어와 조선의 족보와 성씨 체계의 근본을 위협한 것이 창씨개명(創氏改名)이다. 일제는 중일전쟁 및 징병제 추진과 관련한 황민화(皇民化) 정책의 하나로 1939년 11월에 제령 제19호인 조선민사령

(朝鮮民事令)을 개정하여 황국 기원 2,600년이 된다는 1940년 2월 11일부터 8월 10일까지 씨(氏)를 결정해서 제출할 것을 명령하였다. 조선민사령 중 개정건 20호는 새롭게 만든 씨와 종래의 이름을 정당한 사유가 있으면 변경을 허가한다는 것이다. 즉 두 제령은 창씨(創氏), 개씨(改氏) 및 개명(改名)에 관한 것이어서 이를 합쳐 창씨개명이라고 하였다.

성과 씨를 구분하는 일제는 이를 구분하지 않는 조선에 대해 가족법을 고쳐 창씨개명하라고 강요하였다. 논리는 우리의 성명에 씨가 없기 때문에 내선일체를 위해 씨를 만들거나 아니면 기존의 성을 씨로 쓰도록 하고 이름을 일본식으로 바꾸거나 한다는 것이다. 둘 중 어느 것이 되었든 두 가지 모두 결과는 일본식 씨명의 구조를 갖게 된다. 일제는 이 제도로 인해 가(家)의 창립과 성의 변경이 자유롭게 되었으며 성은 그대로 두고 이전에 없던 가문의 이름을 만들 수 있게 되었다고 선전하였는데, 실은 조상 대대로 내려온 성이 없어지거나 바뀔 수 있다는 뜻이 되므로 조선인에게는 인식의 근간을 흔드는 매우 충격적이고 폭력적인 조치였다.

일본은 소속된 가(家)를 벗어나 다른 가로 갈 수 있고 그러한 경우 씨를 바꾼다. 호적상으로도 부인의 성씨, 어머니의 성씨 등이 호주와 다른 성씨일 때 호주와 일치하게 수정한다. 반면 조선은 성씨는 물론이고 본관도 불변이다. 일제는 우리의 성씨를 성으로 보고 본관을 씨로 보아 성씨를 뺀 본관과 이름의 조합으로 성명을 만들면 자신들의 성명 구조와 같아진다고 본 것 같다. 단지 이 제도가 과연 두 나라의 차이를 모르기 때문에 나온 무지의 산물인가 아니면 내선일치를 목표로 한 교묘한 합리화 전략인가 하는 점인데, 전자일 가능성은 없어 보인다. 그리고 그 시행은 두 단계로 나누어 진행되었는데, 첫 단계에서는 일정 기한까지 씨 설정계(設定届)를 제출하지 않은 자는 호주의 성을 (자동으로) 씨로 한다는 것이고, 두 번째 단계에서는 일본처럼 개씨(改氏), 즉 성이 아니라 씨를 자유롭게 만들거나 바꿀 수 있게 한다는 것이다. 양국의 차이가 씨는 불변이라는 인식과 가변이라는 인식의 차이라고 하더라도 그 인식의 차이를 무시했다는 점 자체가 이미 강제적이고 폭력적인 조선인의 일본화 정책이었던 것이다.

족보의 경우는 겉으로는 이전의 원래 모습을 유지하는 듯 보였다. 그러나 족보 수단 때 개개인이 창씨나 개씨를 한 성명을 족보에 올릴 수도 없었을 것이고, 족보 발행이 허가제인 당시 상황에서 개명된 이름을 무시하고 원래의 것을 넣어 발간하는 것도 쉽지 않았으리라 짐작된다. 즉 창씨개명을 강요하는 가족법 시행 이후 사회적으로 족보 발간은 그 자체가 어려웠을 것이고 이에 더해 전쟁 준비와 공황의 여파로 경제적으로도 여의치 않았을 것이다.

국립중앙도서관이 소장하고 있는 족보를 간행 연대순으로 정리해 보면 1940년에 61건, 1941년에 19건, 1942년에 14건으로 나온다. 1940년 간행 족보는 가족법 개정 이전에 진행된 것이어서 여전히 일정 분량을 유지하고 있지만 이후의 숫자는 앞서 언급한 여러 상황을 반영한 것으로 보인다. 이후 1943년에는 3건, 1944년에 1건, 1945년에 1건 등으로 1920~30년대에 왕성했던 족보 출간 사업은 거의 중단되는 상태에 이른다.

3. 족보는 어떻게 만들어지나

족보의 종류

족보는 발행 횟수나 성격에 따라서 여러 이름이 붙는다. 1653년에 간행된 『여산송씨족보(礪山宋氏族譜)』는 여산 송씨로서는 처음 간행한 족보다. 이럴 경우 그 족보를 여산 송씨들의 초간보(初刊譜), 또는 초간본(初刊本)으로 부른다. 1659년에 간행된 『순흥안씨족보(順興安氏族譜)』는 초간보인 『병오보(丙午譜)』가 나온 이후 수정 · 보완하여 출간된 것인데 이를 재간보(再刊譜), 또는 재간본(再刊本)이라고 한다. 그 다음의 것은 삼간보(三刊譜)가 될 것이다. 1662년에 간행된 『밀양박씨족보(密陽朴氏族譜)』는 1621년에 나온 초간보인 『신유보(辛酉譜)』를 고쳐서 다시 찍은 것인데 이를 개간보(改刊譜)라고 부른다.

발간 연대순으로 몇 가지 알려진 성씨의 초간보들을 예시해 본다.

1423년	문화 유씨(영락보)	1684년	경주 박씨
1454년	남양 홍씨(당홍파)	1685년	경주 김씨
1476년	안동 권씨(성화보)	1694년	인천 이씨
1524년	한양 조씨	1702년	달성 서씨

1529년 합천 이씨
1575년 영일 정씨
1606년 양성 이씨
1617년 청주 한씨
1638년 청풍 김씨
1642년 반남 박씨
1643년 한산 이씨
1645년 기계 유씨
1649년 청송 심씨
1653년 고흥 유씨
1678년 풍양 조씨
1705년 울산 박씨
1712년 동복 오씨
1719년 연안 김씨
1741년 칠원 윤씨
1743년 포산 곽씨
1749년 순창 설씨
1762년 연안 이씨
1762년 청해 이씨
1771년 사천 이씨
1772년 풍산 심씨
1782년 함창 김씨

족보란 모든 보첩류(譜牒類)를 총칭하는 개념이다. 족보 개념 안에는 다음과 같은 많은 하위 개념들이 있다.

대동보(大同譜): 각 본관별로 시조 이하 모든 파들을 계통별로 하나도 빠짐없이 수록한 족보.

파보(派譜): 분파한 파계만을 수록한 족보. 누단자(漏單者) 없이 수단(收單)을 철저히 함과 아울러 현조(顯祖)에 대한 행적 등을 상세히 수록할 수 있는 장점이 있다.

세보(世譜): 각 파의 계보로 파보와 같으나 상계를 밝히고 분파 경로 및 각 파간의 계통, 각 파조의 내력 등을 넣는 것이 다르다. 여러 파가 모여 공동의 상계(上系)를 만들기 때문에 모두 모으면 대동보가 되고, 각자는 자신의 파보만 소장할 수 있어 비용을 절감할 수 있다.

가승보(家乘譜): 개인적으로 자신의 직계 계통과 주요 조상에 대한 생일, 기일 등을 참고하기 위해 작성한 보첩류다. 개인의 직계 존속만 수록하지만 대개 고조 이하 당내친(堂內親)은 모두 수록한다. 종가에서는 족보를 수장하고 있지만 그렇지 못한 지가(支家)에서는 이에 근거한 가승보를 만들어 보유한다.

내외보(內外譜): 인아보(姻亞譜)라고도 한다. 내보와 외보로 구성되는데, 내보에 나타나는 역대 조상의 배우자 하나하나를 대상으로 배우자 씨족의 시조로부터 그 배우자에 이르기까지의 계보를 내보 방식으로 기록하였다. 『기성황씨내외보(箕城黃氏內外譜)』(黃胤錫 撰)가 있고 『은진송씨외보(恩津宋氏外譜)』·『고령김씨외보(高寧金氏外譜)』 등 외가 계보만으로 구성된 외보(外譜)도 있다.

계보(系譜): 계통만을 밝히기 위해 각 파, 또는 개인의 선조를 휘(諱)만 기록한 계열도(系列圖)나 세계표(世系表)다.

가첩(家牒): 가승보나 가계보 등이 첩의 형태로 되어 있을 때 이르는 말이다.

당적보(黨籍譜): 각 집안의 당적 내력을 계통화하여 기록한 계보. 경종 때의 신임사화와 관련한 『신임록(辛壬錄)』 등이 있다.

만성보(萬姓譜): 모든 성씨들을 망라한 족보로 내용은 유력 가문의 계보를 중심으로 편찬하였다.

명현보(名賢譜): 명현세보라고도 하며 집안별로 배출한 명현들의 계보를 간추려 편찬하였다.

성현보(聖賢譜): 집안별로 배출한 성현의 계보로 명현세보와 같다.

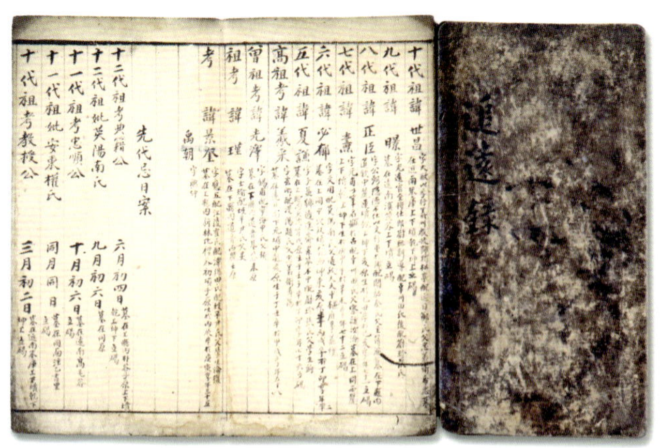

가승 추원록

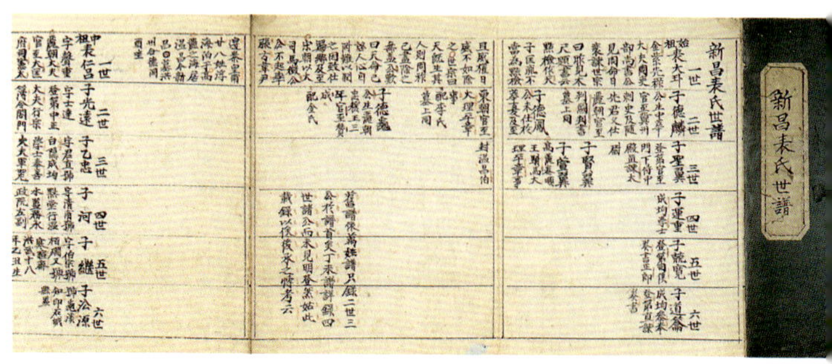

신창 표씨 세보 첩

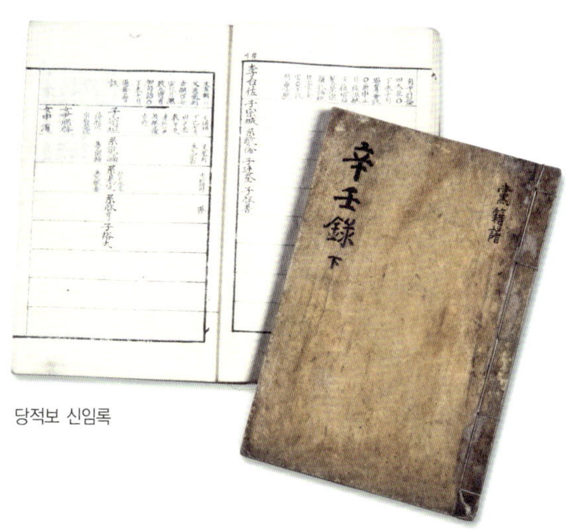

당적보 신임록

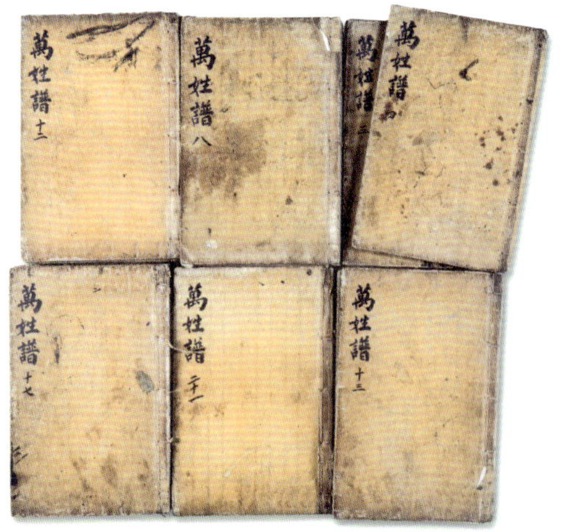

만성보

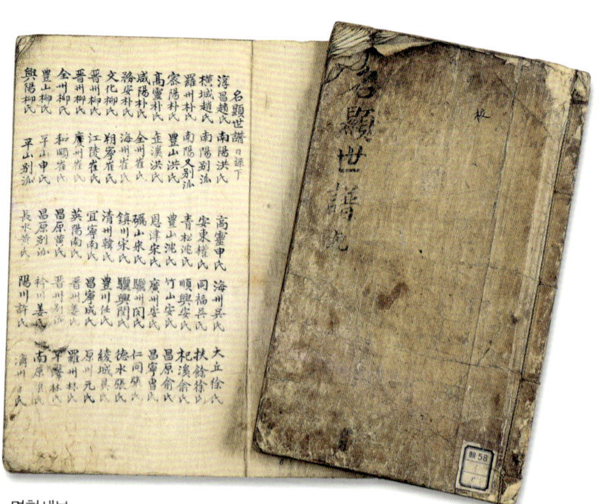
명현세보

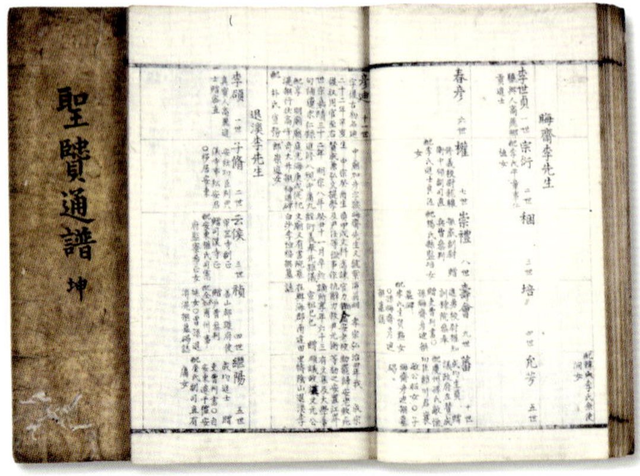
성현통보

대개 대동보의 체제를 보면 처음 1~2권을 세덕편(世德編)과 상계(上系)로 구성하여 각 파가 공유할 수 있게 편집한다. 그 이하는 자손이 너무 많아 합록(合錄)이 어렵다는 이유로 각 파가 정해진 파보 작성 형식에 맞추어 제각기 제작하게 한 후 나중에 합쳐 대동보를 구성할 수 있게 한다. 이렇게 작성된 대동보는 족보 배포 때에는 각 개인은 공통보 외에 나머지는 해당 파보, 즉 세보(世譜)만 가져가도 된다.

팔고조도(八高祖圖)는 한 개인의 조상을 부모 양측으로 올라가 고조의 대(代)까지 밝힌 가계도로 그 가계도상에 나타나는 고조가 8명이기 때문에 붙여진 이름이다. 즉, 개인의 조상을 부·조부·증조부 등으로 부계 쪽으로만 올라가는 것이 아니라 모와 모의 선계, 조모와 조모의 선계 등으로 모든 방향으로 찾아 올라간다. 따라서 팔고조란 다음과 같다.

祖父의 祖父, 祖父의 外祖, 祖母의 祖父, 祖母의 外祖,
外祖父의 祖父, 外祖父의 外祖, 外祖母의 祖父, 外祖母의 外祖,

이로(李魯, 1544~1598)가 1597년에 지은 『사성강목(四姓綱目)』은 기재 범위가 아버지의 부모 집안, 즉 고성(固城) 이씨와 창녕(昌寧) 성씨, 어머니의 부모 집안, 즉 남평(南平) 문씨와 안악(安岳) 이씨 등 4성의 계보를 강과 목으로 나누어 서술한 책이다. 이 책을 통해 알 수 있는 것은 경상우도(慶尙右道) 지역 사족들의 학연 및 혈연 계보다.

호보(號譜)는 명현들의 호를 적은 것인데, 제목과는 달리 계보에 대한 정보는 없다. 『동국명현호보(東國名賢號譜)』·『조선세가호보(朝鮮世家號譜)』(1924, 4책 담양)·『명현세보(名賢世譜)』(2책) 등이 있다.

향보(鄕譜)는 일정 지역의 유력 성씨들의 계보를 모아 놓은 족보인데,

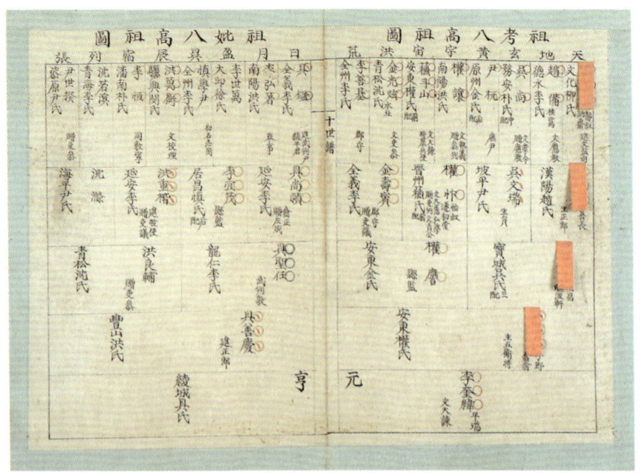

팔고조도 고조비

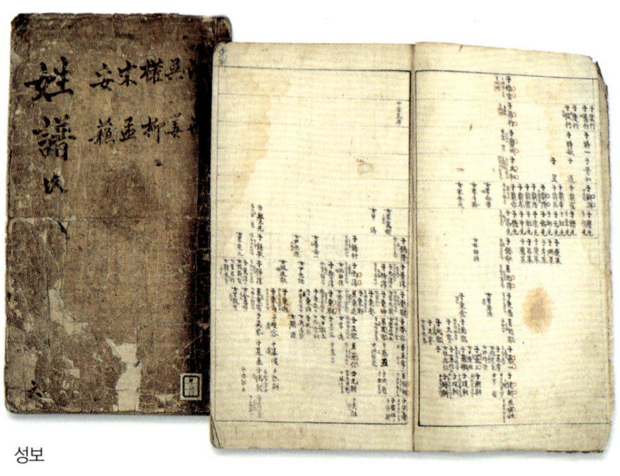

성보

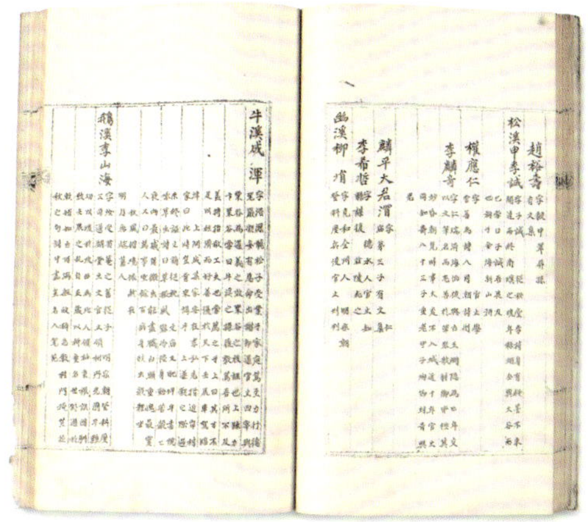

호보(내지)

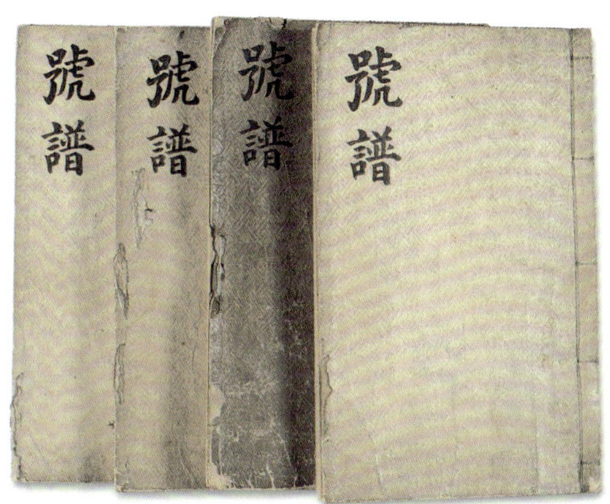

호보(표지)

『연성성보(蓮城姓譜)』(1878년) · 『여수씨족보(麗水氏族譜)』(2책, 1952년) 등이 있다. 연성(蓮城)은 경기도 안산의 옛 지명이다. 향보는 결과적으로 그 안에 수록된 유력 성씨들 이외의 성씨들을 제외시킨 것이어서 이를 통해 그 폐쇄성과 함께 지역 향권의 성격을 파악할 수 있다.

연산 서씨 묘문

돌로 된 족보, 즉 석보(石譜)도 있다. 충남 홍성군 구항면 지정리 덕은동 산록 바위 벼랑에는 '연산서씨묘문(連山徐氏墓門)'이라는 글씨가 음각되어 있다. 가로 40cm, 세로 30cm 넓이의 입구를 시멘트로 봉한 그 바위 속에는 네모난 오석(烏石) 판으로 만든 『연산서씨족보(連山徐氏族譜)』가 들어 있다. 1853년 7월에 제작된 것으로 판은 모두 4개이고 크기는 세로 36cm, 가로 25cm, 두께는 4cm이다. 12면에 글씨를 새겼는데, 네 판의 앞뒤 8면과 네 번째 판의 측면과 위 아랫면의 4면에 새겼다.

1998년 10월에 바위 앞에 세운 「연산서씨석보봉안기(連山徐氏石譜奉安記)」에 따르면 1773년에 초간보가 나온 이후 승지공파 15세손인 성중 · 현중 · 대중 등 삼종형제(三從兄弟)가 각종 변란으로 족보가 유실될 것을 염려하여 오석에 음각한 후 1853년 이후로 암석고(巖石庫)에 보관해 온 것이다. 1996년 12월 5일에 문화재 자료 지정을 위해 처음 개봉되었다.

원래는 묘비인데 비 후면에 세보도(世譜圖)를 그려 넣은 것도 있다. 충청남도 논산군 노성면 호암리에는 고령 김씨 6세조인 김임(金銋)의 비가 있는데, 후면에 김수문(金秀文)이 기록한 고령 김씨 세보도가 있다.

족보의 구성

족보의 판본(板本) 표시는 주로 책 말미에 적는다. 대동보와 같이 책 수나 권수가 많을 경우 1책이나 1권 말미에 판본과 출간 내역을 적기도 한다. 대부분의 족보가 첫 권에 상대(上代)를 적어 각 파가 공유하게 되므로 이러한 방식이 나오는 것이다.

족보 체제는 서(序)로 시작하여 발(跋)로 끝난다. 서문과 발문에서 단골로 언급되는 기사들이 있는데, 다음과 같은 것들이다.

敬其事 如歐陽子. 송나라 학자 구양수처럼 족보 만드는 일을 정중히 한다.
公其事 如蘇明允. 소순처럼 사사롭지 않게 숨김없이 공적으로 일한다.
勤其事 如范希文. 범중엄처럼 일을 근면하게 한다.

북송의 문장가였던 소순(蘇洵)·소식(蘇軾)·소철(蘇轍)에 의해서 편찬된 족보는 모든 족보의 모범이 되었다고 전해진다.

족보 서문의 사례로 우암 송시열(宋時烈, 1607~1689)과 미수 허목(許

穆, 1595~1682)의 서문을 소개한다. 『은진송씨족보(恩津宋氏族譜)』는 1666년에 간행되었고, 『양천허씨족보(陽川許氏族譜)』는 1671년에 간행되었다.

『은진송씨족보(恩津宋氏族譜)』 서(序)

『송씨보(宋氏譜)』는 옛날 여러 본(本)이 있었는데, 그중 하나는 나의 숙부(叔父)인 지례공(知禮公)에게서 나온 것으로, 이는 바로 규암(圭菴) 문충공 송인수(宋麟壽)께서 지은 것이다. 이것은 범례(凡例)가 매우 간편하여 열람하기에 아주 편리하다. 그 나머지 본들은 아마도 모두 이보다 뒤에 만든 것인 듯하다. 그러나 그 친소(親疎)에 따라 각각 자상한 것과 소략한 것이 있으니, 형세가 의당 그럴 수밖에 없는 것이다.

숭정(崇禎) 갑진년(1664년)에 종인(宗人)들이 합력하여 족보를 간행하면서 마침내 여러 본(本)을 가져다가 버릴 것은 버리고 취할 것은 취해서 절충(折衷)하고 또 여러 집안으로 하여금 각기 그 사실을 잘 구비하도록 하였으나 편입(編入)하는 과정에서 또 어쩔 수 없이 약간의 산삭(刪削)을 가하였으니, 요는 모두 번거로운 것을 버리고 간략하게 해서 그 편질(編帙)을 간단하게 하여 간행 반포(刊行頒布)하기에 편리하도록 하기 위함이었다.

그윽이 생각컨대, 전한(前漢) 때의 사가(史家)인 사마천(司馬遷)과 후한(後漢) 때의 사가인 반고(班固)는 스스로 세대(世代)를 서술하면서 멀리 상고시대 황제인 전욱고양씨(顓頊高陽氏)에서부터 시작하였고, 송(宋)나라 구양수(歐陽脩) 또한 우(禹)임금에까지 거슬러 올라갔다. 그런데 우리 송씨는 성(姓)을 얻은 이후로 그 알 만한 것은 겨우 10여 세(世)에 불과하고, 그 먼 윗대의 실마리는 여산 송씨(礪山宋氏)의 족보에 대략 나타나 있으나 그 역시 소략하기 그지없다. 문헌의 부족함이 곧 이와 같다.

우암 송시열 초상화

편집이 다 끝나자 여러 비지(碑誌)와 갈표(碣表)와 모든 기사문자(記事文字)를 모아서 합하여 한 권(卷)을 작성해서 부록(附錄)으로 만들었으니, 거의 이제는 자상한 것은 너무 번다하지 않고 소략한 것은 빠뜨리지 않아서 장래에 계속할 수 있게 되었다.

또 생각컨대, 대수가 멀어져서 자손이 더욱 많아지면 한 족보에 다 수록(收錄)하기 어려울 것이니 이후에는 별도로 족보를 만들어 각기 고조(高祖)에서 현손(玄孫)까지를 적게 하여 9대가 다 차기를 기다려 산집(刪集)한다면 또한 마땅히 다시 회통(會通)될 때가 있을 것이다. 구양수(歐陽脩)가 만들었던 족보의 범례(凡例)가 바로 이와 같은 것이다. 그러나 이를 미루어서 한 사람의 몸에 이르면 효제(孝悌)의 마음이 성하게 우러나서 마치 소순(蘇洵)의 말처럼 될 것이다. 그리고 각기 자신의 유래(由來)를 알아서 충의(忠義)를 수립하면 조정(朝廷)에 유익한 것이 진실로 마치 송나라 장재(張載)의 교훈과 같이 될 것이다. 이 족보에 기록된 모든 사람들이 마땅히 알아야 할 바이다.

– 숭정 병오년(1666, 현종 7) 5월에
판사공(判事公) 13대손 송시열은 쓴다.

이상은 『송자대전(宋子大全)』(제137권)에 수록되어 있으며 고전번역원 홈페이지의 원문과 역문을 참조하였다.

다음은 미수 허목의 족보 서문으로 『기언(記言)』(제12권 原集)에 실려 있으며 이것 역시 고전번역원 원문과 역문을 참조한 것이다.

『양천허씨족보(陽川許氏族譜)』 서(序)

족씨(族氏)에 관한 전적은 옛날 태사(太史)가 맡았던 것이다. 주관(周官)

소사(小史)는 왕족의 계보를 기록하고 소목(昭穆)을 분변(分辨)하는 일을 맡았다. 봄가을로 제사를 지내고 음복하는 자리에서 족사(族師)가 족원(族員)들의 효·우·목·연(孝·友·睦·婣)을 적었다. 즉 지식이 있는 자로서 부모에게 효도를 않거나 형제간에 우애롭지 않으며 친족들과 화목하지 않거나 인척들과 친하지 않는 자가 있으면 대사도(大司徒)가 향형(鄕刑)으로 다스리되 효를 위주로 하였다.

아, 성인의 교훈이 멀어졌구나. 할아버지에서 아버지, 아버지에서 아들, 아들에서 손자에 이르는데 백중숙계부(伯仲叔季父)는 할아버지에서 갈리고, 형제는 아버지에서 갈린다. 재종(再從)·삼종(三從)에서 족자(族子)·족손(族孫) 이하까지 계통(係統)이 멀수록 친분과 우애도 소원해진다. 그러나 그 근본을 소급해 보면 한 조상에서 나왔으니 실은 한 기맥(氣脈)에서 갈라진 것이다. 때문에 인간은 본성이 같은 유(類)를 사랑하면서 인(仁)할 줄 모르는 자는 없다. 대개 성인의 정치는 그 본성을 따라 인으로 이끌었으니, 이것이 바로 주관(周官)의 교육 방법이다. 족보는 주관이 왕족의 계보를 기록하고 소목을 분변하던 제도의 남은 풍습이다.

우리 양천 허씨는 가락(駕洛)에서부터 나왔는데 보첩(譜牒)에 기록된 것으로는 한강변에 있는 공암(孔巖) 촌주(村主)인 허선문(許宣文) 이후부터 보첩에 드러나서 갑족(甲族)으로 불렸으며, 성씨를 얻은 이래 26, 7대를 내려와 역사가 무려 7백여 년이나 된다. 설부(說部)에 보면 허씨는 고려 5백년 동안에 정승이 11인, 중추원사(中樞院使)가 6인, 학사(學士)가 9인, 부마(駙馬)가 5인, 원(元)나라에 벼슬한 이가 1인, 봉군(封君)된 자가 14인이고 조선에 들어와서는 정승 2인, 찬성 2인, 판서 4인, 공신(功臣) 3인, 학사 12인이었다. 그리고 인조·효종 이래로 명신(名臣)과 귀인(貴人)이 한두 사람에 그치지 않았으니, 조선(祖先)이 인덕(仁德)과 착함을 쌓은 보답이라 할 수 있

미수 허목 초상화

다. 이조판서를 지낸 우리 8대조가 맨 처음으로 경기지방 족도(族圖)를 작성했고, 그 후 충정공(忠貞公) 허종(許琮), 문경공(文敬公) 김안국(金安國), 초당(草堂) 허엽(許曄)이 뒤를 이어 보충해서 펴냈다. 그 후 또 유옹(瓠翁) 허함(許涵)이 그 일을 물려받아서 후세에 태어난 자손들에게 어느 할아버지는 어느 할아버지에게서 나왔고, 어느 할아버지는 몇 대(代)에서 갈렸으며, 어느 분이 소(昭)가 되고 어느 분이 목(穆)이라는 사실을 알도록 해주었다. 다같이 조상의 교훈을 지켜 인애(仁愛)를 돈독히 하자는 것이 또한 족보의 교훈이리라.

– 신해년(1671, 현종11) 12월 5일 목(穆)은 삼가 서한다.

족보 발문의 예로는 순암 안정복(安鼎福, 1712~1791)이 1790년에 쓴 『광주안씨족보(廣州安氏族譜)』 발문을 소개한다. 『순암선생문집(順庵先生文集)』(제18권)에 수록되어 있다.

「광주안씨족보발(廣州安氏族譜跋)」

우리 안씨가 광주(廣州)에서 성을 받은 것은 이미 고려 초부터인데 대보(大譜)가 없어서 상고에 대해서는 징험할 길이 없어진 지 이미 오래되었고, 국초에 사간공(思簡公) 안성(安省) 선조가 족보 3권을 만들었는데 족보는 없어지고 전해지지 않지만 다행히 서문이 남아 있어 범례와 규모를 개괄적이나마 알 수 있다. 그 이후로는 종인(宗人)들이 각자 파별로 만들어 전하고 이어올 따름이다.

나의 증조인 별검(別檢), 동지(同知) 두 부군(府君)이 모두 합보(合譜)할 뜻을 두었으나 책이 미처 이루어지지 못하였고, 조부 양기재(兩棄齋) 부군(府君)과 우리 선군(先君)이 선지(先志)를 이어 경외의 제족들에게서 보첩을 수합하였으나 역시 일을 마치지 못하였다. 그 후에 영묘(英廟) 무오년(1738)에 영남에 사는 종장(宗丈) 의형(義亨)씨가 반론을 하여 드디어 전보(全譜)를 이룩하였는데, 이번 간행에도 그 본이 바로 이것이니 여러 서문을 보면 알 수 있다. 만약 무오본(戊午本)이 없었다면 우리 안씨는 서성(庶姓)에 불과하고 말았을 것이니 어찌 큰 다행이 아니겠는가. 당시 수보(修譜)를 할 때에 나도 나이 어린 후생으로서 일하는 대열에 끼었는데, 이 족보가 간행된 지 이미 50년이 넘었다. 그간에 자손이 더 번창하였을 뿐만 아니라 그 중에는 미처 상고하지 못하여 잘못된 대목도 있다.

안좌랑(安佐郎) 경점(景漸)은 총명하고 박학한 사람이다. 신축 연간(1781)에 나에게 편지를 보내기를, "우리 집안 전보(全譜)가 유행된 것은 실로 전고에 못했던 일이지만 중간에 다시 살펴야 할 것이 있습니다. 서울과 시골에서 우리 두 사람이 다시 수정을 하지 않는다면 후손들이 취신(取信)할 길이 없게 될 것이니, 어찌 지금 서둘러 해야 하지 않겠습니까" 하였다. 내가 이에 사양하지 않고 일을 담당했는데, 단지 초본 한두 본만 만들어내어 두 집에 나누어 보관해 둘 작정이었다. 그런데 불행하게도 좌랑군이 이미 죽고 나는 병폐(病廢)하여 다시는 상의할 사람이 없게 되었으므로 그대로 내버려 두려고 했는데, 뜻밖에도 호서(湖西)의 종인(宗人) 상성(尙成)이 의욕을 갖고 창론(唱論)하여 제종(諸宗)에게 통문을 내어 각기 명하전(名下錢)을 거두어 반드시 성취할 계획을 하였다. 다만 종중은 가난하고 힘이 약하고 공가(工價)는 너무나도 비싸서 뜻대로 되지 않은 것이 많으니 이것이 한스럽다.

그러나 이 족보가 이루어진 것은 지공무사(至公無私)한 뜻에서 나온 것이니, 여러 종족들이 만약 이 뜻을 헤아려서 한 기운을 받은 골육지친의 뜻을 잊지 않는다면 비록 서파(庶派)일지라도 이 뜻을 미루어 스스로 소외감을 느끼고 자별(自別)하는 마음을 두지 않을 것이다. 그렇게 되면 정자(程子)가

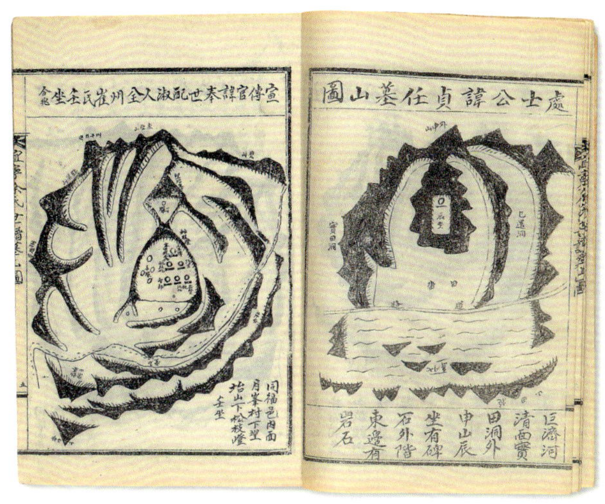

묘산도 의령 서씨

말한 "종족을 거두고 풍속을 후하게 한다"는 것이 실로 여기에 있을 것이다. 바라건대 각기 힘쓸지어다.

서문 다음에는 기(記) 또는 지(誌), 그리고 선영도(先塋圖), 즉 묘소의 위치를 그린 도면이 들어간다. 묘소도 · 묘산도 · 선묘도 · 선영도 등은 선조들의 묘 위치를 표시한 그림이다. 이것에 덧붙인 기문(記文)을 통해 선조의 행장(行狀), 묘의 위치, 규모 등을 알 수 있다. 산소의 위치에 산천(山川), 산의 형국인 국체(局體), 묘가 앉은 방향인 좌향(坐向) 등을 적는 것은 앞으로 혹시 있을지도 모를 실전(失傳), 즉 묘를 잃어버리는 사태에 대비해 오래도록 참고하기 위한 것이다.

다음으로는 세계도(世系圖)와 범례(凡例), 그리고 간혹 족보 제작자나 주체가 들어간다. 범례에서는 간행에 따른 여건이나 조건 등을 넣기도 하고 족보 내용의 근거, 범위 등을 명시하기도 한다.

족보는 세로로 내용을 배치하는 종보(縱譜)보다는 가로로 구성하는 횡보(橫譜)가 일반적이다. 횡보는 우선 열람에 편리하고 선대를 윗칸에 배치하기 때문에 세대의 구분도 명확하다. 그럼에도 불구하고 횡보보다는 종보 방식으로 편집하는 경우가 있는데, 그 이유는 종보가 횡보에 비해 비어 있는 공간이 적어 밀도 있는 편집이 가능하고 이에 따라 면수를 줄여 제작비를 절감할 수 있기 때문이다.

횡보일 경우는 횡간, 즉 칸 수와 맨 밑 칸에서 장을 건너뛰어 다음 윗칸으로 잇는 방식, 즉 중복 표기 여부 등까지 세밀하게 언급한다. 대개는 6층을 만들어 한 면에 5대가 들어가게 만든다. 범례의 한 예를 들면 다음과 같다.

> 매 장은 가로로 6층 정간(井間)을 만들고 말층(末層)은 단지 이름만 적고 다음의 기두처(起頭處)에 다시 이름을 적고 상세한 방주(旁註)를 붙인다. 사위 등은 말층 방주에 처리한다.

범례에는 자녀의 차서(次序), 즉 기재 순서의 기준을 밝힌다. 초기 족보들은 남녀를 구별하지 않고 나이 순서로 이름을 적었는데, 후기에 나온 족보들은 국보(國譜)의 예에 따라 나이가 기준이 아니라 성별 기준인 선자후녀(先子後女)로 적어 부계 본종을 중히 여겼다. 여계(女系) 이성자손(異姓子孫), 즉 외조카 등의 기재 범위도 함께 줄어들었다. 서문을 쓰는 사람들은 친우(親友)나 외손·후손 등인데, 나중에는 이중에 외손

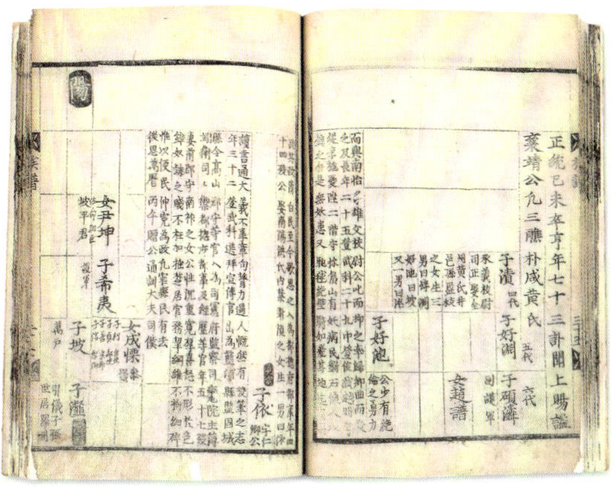
종보

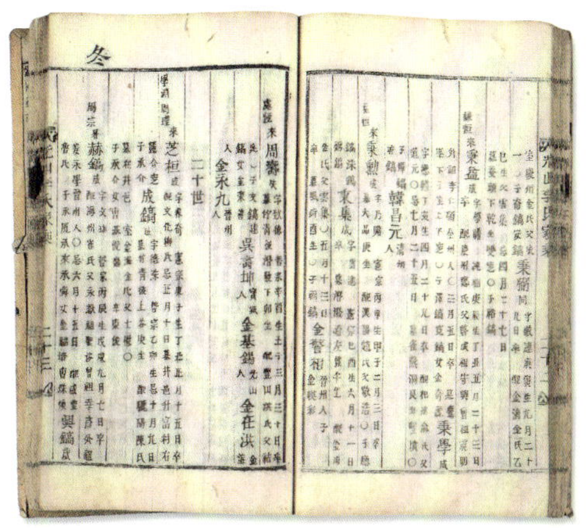
종보 광산 이씨 가승

이 줄어든 것도 이와 같은 맥락이다. 그러므로 범례의 내용에서 여(女)와 여서(女壻)의 표시 범위, 서얼(庶孼) 구분 등은 눈여겨볼 필요가 있다.

책장 페이지로는 천자문을 가장 많이 쓰는데, 이를 전체에 적용하는 경우도 있지만 대개는 각 권마다 별도로 시작하는 경우가 많다. 이런 경우 5권의 첫 장은 '五天' 식으로 표기한다. '地一, 地二, 地三' 등처럼 천자문 각각에 一부터 十까지 붙여 세분하는 경우도 있고, '玄一一, 玄一二, ……, 玄一十' 처럼 더 세분하는 경우도 있다. 세대가 다음 단위로 넘어가면 그때마다 첩(疊)이나 중(重)을 붙여 '一疊, 再疊, 三疊', 또는 '一重, 二重, 三重' 등으로 구분해 주는 경우도 있다.

(板頭)

傍欄	(上層)	(起頭 初頭) 傍註 이름	傍欄
魚尾		傍註 이름	魚尾
	傍註 이름	傍註 이름	
	傍註 이름 傍註 이름	傍註 이름	
魚尾	傍註 이름 傍註 이름	傍註 이름	魚尾
傍欄	(見號) (見號) (末層)	(見號)	傍欄

문화 유씨 세보 체제

옛날 책은 한 판을 접어 만드는데, 접힌 부분의 중간에 어미를 만들고 그 사이에 책의 이름을 써넣는다. 그리고 어미의 위와 아래를 방란(旁欄)이라고 하는데 위 방란에는 「상계(上系)」 또는 「○○○派」를 쓰고 아래 방란은 비워 두는 경우가 많다.

목판이든 목활자든 인쇄판을 고려하면 페이지 단위는 판(板)이다. 그래서 판이 바뀌면 이를 잇는 의미에서 대개 부(父)의 이름을 작은 글씨로 적어 넣는다. 각 파마다 시작하는 부분에서는 누구에게서 갈라진 세손들임을 표기해 주고 윗칸의 기두(起頭)에는 5대조까지 이름을 써준다. 기두란 처음 글귀를 말한다. 첫 권의 상계(上系)를 기재할 때는 5층, 8층 등으로 불규칙하다가도 나머지 권수부터는 층을 정해 표기하는 경우가 대부분이다. 판두(板頭)는 정간 밖의 빈 공간을 말한다. 대개 페이지를 표시하는 천자문과 각 파의 거주지를 적는다. 일제 중반 이후 천자문을 기본으로 하는 판수(板數)의 표기 방식이 점차 사라졌다. 교육과정에서 천자문이 더 이상 암기의 대상이 되지 않는 시대상의 변화를 반영한 것이다.

말층에는 '견호(見號)'라는 주(註)를 넣는다. 족보의 면은 대개 천자문 순서를 따르므로 만일 천(天)자 면 말층에 '견황(見黃)'으로 적었다면 황(黃)은 '천지현황(天地玄黃)'의 순으로 네 번째이므로 네 번째 장으로 가라는 뜻이다. 황자 면의 상층 기두는 천자 면 말층에 적힌 인물부터 시작되거나 아니면 그의 아들부터 시작된다. 상층 기두처의 우상(右上), 즉 오른쪽 위에는 작은 글씨로 아버지 · 할아버지 등의 함자를 적어 열람하기 편하게 한다.

방주의 내용은 자(字), 호(號), 생부(출계인의 경우에만 해당), 생졸(生卒) 연대와 월일, 대소 관작(官爵)의 이력, 의행(懿行) 등 실적, 증직(贈

職), 증시(贈諡), 표호(表號), 분묘 위치, 좌향 등으로 구성된다. 생존인의 표호는 기록하지 않는다. 자호에는 초호(初號)도 넣는다. 관작 이력 전에 과제(科第), 즉 과거에 입격한 해와 성적이 들어간다. 일반적인 기재 사항은 다음과 같다.

생진(生進), 문무(文武), 음사(蔭仕), 가자(加資), 수직(壽職), 증직(贈職), 문행(文行), 남대(南臺), 일덕(逸德), 학행(學行), 왕후(王后), 군백(君伯), 장상(將相), 기로(耆老), 시호(諡號), 효충렬(孝忠烈)……

족보에 왕족과의 통혼 사실을 밝히는 것은 가문의 위세를 나타내기 때문에 가능하면 외족까지 추적하여 기재한다. 여식 중에 왕비가 되었다면 본문에는 ○○○○로만 표기하고 따로 맨 윗칸에 묘호(廟號)를 적는 식이다.

양자는 계자(系子, 혹은 繼子)로 표시하고 양자로 오기 전의 생부 밑에는 출계(出系, 혹은 出繼) 등을 적어 양자 사실을 밝힌다. '견(見) 모자(某字)' 라고 써서 생부모나 양부모를 빨리 찾을 수 있게 한 족보도 있다. 전주 이씨 우봉공파의 경우는 계자에게 굳이 '계(系)' 자를 붙이지 않는다고 하는데, 그 이유는 '이중계서지의(以重繼序之義)', 즉 계자를 자식과 구별할 이유가 없음을 강조한 것이다. 그러나 생부의 이름이나 출계한 곳에서는 이를 표시한다.

묘소는 '○○현 ○○촌 ○좌(坐)' 등으로 위치를 적는다. 배(配), 즉 부인의 무덤은 위치뿐 아니라 합폄(合窆)·쌍폄(雙窆)·각폄(各窆) 등의 여부를 적는다. 합폄과 쌍폄은 봉분이 하나인가 둘인가의 구분이다. 각폄은 위아래로 떨어진 무덤이거나 둘째부인이 있는 경우 등에 해당한다.

묘가 품(品)자로 배치되었다고 하면 위에 하나, 밑에 둘을 배치한 각편의 한 종류다. 부인은 성관(姓貫)과 사조(四祖), 즉 부 · 조부 · 증조부 · 외조부를 적는다.

부인이 죽어 새로 맞이한 경우에는 재실(再室)이나 재배(再配)로 표시하고 각기 자녀를 몇 낳았는지, 또는 무육(无育)이라고 적어 소출(所出)을 명확히 한다. 예컨대 범례에 "전후 배(配) 소생에 대한 구별은 방주 아래 '기남기녀(幾男幾女)' 또는 '무후(無后)' 등으로 적어 그 나머지가 계배(繼配)의 소생임을 자연히 알게 한다"고 하였다. 자식들이 어느 소생임을 밝히고 있는지의 여부는 족보에 따라, 그리고 시대에 따라 다르다. 원래 왕실은 밝히고 일반은 그렇지 않았던 것을 고려하면 후기로 오면서 왕실 족보의 기재 방식이 확산된 예라고 할 수 있다.

범례에는 그 밖에도 다음과 같은 사항들이 들어 있다.

"중간 실전처(失傳處)는 표해 둔다."
"각파의 초단(草單)은 전적으로 ○○년에 간행한 족보의 수정본(修正本)을 중히 여긴다."
"매 장은 6층(層)으로 구성한다."
"상층 복기처(復起處)에는 '子' 자를 쓰지 않는다."
"매편 매 장에 천자문으로 장 순서를 표기하여 △字 말층에 '見 ○字'로, ○字의 상층 복기처에 ''見 △字' 로 표기하여 연결한다."
"널리 알릴 만한 업적은 잘 요약하여 기록하고 충효 · 절의 · 문집 · 서원 · 비지(碑誌) 등 관련 기록도 모두 기록한다."

족보는 부계가 기본 원리이므로 본종(本宗)에게는 성을 따로 쓰지 않지만 외성(外姓)은 외손들도 모두 성을 적어 본종과 혼돈되지 않도록 한다. 본종이 확대되면서 외손의 비중은 상대적으로 줄어들었지만 외손 중에 현저(顯著)한 자가 있으면 그 아래 주기(註記)한다. 사위 및 그 아들, 즉 외손의 기록은 다음 판으로 넘기지 않는 것이 대부분이나 1903년에 간행된 『신평송씨족보(新平宋氏族譜)』처럼 넘겨서 기록한 예도 있다. 이 족보에서는 범례에 "외파(外派)는 단지 3대만 쓰되 1~2대에 그치면 말층에 다 쓰고 3대면 다른 장으로 넘겨서라도 다 기재한다(更起 後張한 후 止한다). 단 현달(顯達)한 자가 있으면 꼭 3대에 그칠 필요는 없다(不必三代而止)"는 범례를 넣어 시대의 흐름과는 달리 외손을 강조하였다. 하지만 일반적으로 사위는 성관(姓貫), 부명(父名), 과환(科宦) 및 명조(名祖)를 적는 데 그치고 자식, 즉 외손자녀(外孫子女)는 본종에 해당하지 않는 이유로 소주(小註)로 달거나 기록하지 않는다.

범례의 예를 또 들어본다.

"이전 족보에 들어 있어도 단자를 가져오지 않으면 입록(入錄)될 수 없다."

"적서(嫡庶)의 구분은 각 가(家)의 단자에 따른다."

"'향년(享年)'은 70세 이상 산 자에게만 붙인다."

서출(庶出), 측출(側出)은 순서를 뒤로 하고 '배(配)'로 표기 안 하고 '실(室)'로 표기한다. 처와 첩을 배와 실로 구분하지 않는 족보도 많다. 배를 안 쓰고 모두 실로 표기하는 경우도 있고, 생실사배(生室死配), 즉 배는 사후, 실은 생존인 경우로 존망(存亡)을 구별하는 경우도 있다.

서자에게는 '취(娶)'를 적어 적자의 '배(配)'와 구별하는 경우도 있다.

즉 전주 이씨 우봉공파의 족보(1907년 간행)를 보면 서자 표시를 생략하되 '졸(卒)' 대신 '몰(歿)'로 쓰고, '배(配)' 대신 '취(娶)'로 표시하여 적서가 구분되도록 만들었다. 한말 이후 적서 구분은 족보에서 거의 사라진다. 구분 표시를 없앤 결과이기도 하고 서족이 족보에 더 이상 이름을 올리지 않은 결과이기도 하다.

항렬(行列)이란 소목(昭穆), 즉 세대 간의 차서를 말하는 것으로 나로부터 위로 할아버지 항렬은 조항(祖行), 아버지 항렬은 숙항(叔行), 나와 같은 항렬은 동항(同行), 자식 항렬은 질항(姪行), 손자 항렬은 손항(孫行)이라고 한다. 항렬자를 통해 혈족의 방계에 대한 대수(代數) 관계를 파악할 수 있다.

족보에 올린 이름은 항렬자, 즉 돌림자로 된 경우가 대다수다. 왜 이런 현상이 일어났을까. 그것은 이로 인해 상대가 동족임을 빨리 확인할 수 있고 동족 세대 간에는 위아래를 쉽게 구분할 수 있기 때문이다. 또한 본관이나 파에 따라 돌림자가 다르기 때문에 동족이 아닌 다른 사람들에게도 그가 어느 본관의 어느 파인지를 쉽게 알 수 있게 한다. 이러한 현상들은 돌림자를 지킴으로써 빚어지는 결과지만 역으로 이러한 효과를 노려 돌림자를 지키려는 종중이 많아진 것도 사실이다. 범례에 "항렬을 일치시킨다"고 한 것이 그 예다. 그래서 족보의 이름과 실생활에서 사용하는 이름이 다른 경우들이 나타난다. 항렬 구분을 위해 정한 돌림자 없이 작명되다가 족보 수단 때 본명과는 다른 항렬에 맞춘 이름이 일률적으로 작성되기 때문이다. 그러다 보니 명항(名行), 즉 이름에 항렬자를 넣지 않아 통일되지 않은 것을 부끄러운 일로까지 여기게 되었다.

함양 박씨 족보의 범례에는 "우리 종(宗)은 중세 이래 항렬이 심히 같지 않아 이 이후로 천간자(天干字)로 항렬자를 미리 정한다. 갑상을하

(甲上乙下)의 순환도 어기지 않는다"고 하였다. 이 말은 예컨대 항렬을 천간자순으로 하면서 갑자가 들어 있는 항렬자는 이름 두 자 중 앞에, 을자가 들어 있는 항렬자는 두 자 중 뒤에 배치한다는 뜻이다. 아래의 항렬도를 예로 들면 26세 친족의 이름들은 朴東○, 또는 朴用○가 되고, 27세는 朴○九, 또는 朴○鳳이 된다.

항렬도

甲(上) 26세 東, 用　36세 重, 萬
乙(下) 27세 九, 鳳　37세 旭, 乾
丙(上) 28세 丙, 炳　38세 柄, 昺
丁(下) 29세 夏, 宇　39세 奇, 兩
戊(上) 30세 成, 晟　40세 茂, 武
己(下) 31세 起, 範　41세 龍, 玘
庚(上) 32세 康, 庸　42세 度, 慶
辛(下) 33세 宰, 澤　43세 新, 達
壬(上) 34세 承, 廷　44세 種, 秉
癸(下) 35세 揆, 登　45세 澄, 潑

자축인묘(子丑寅卯)순으로 나가는 지지자(地支字) 항렬도 있다. 여산 송씨의 항렬은 천간자로 돌림을 하다가 지지자로 넘어간다.

宰 → 聖 → 揆 → 學 → 秉 → 演 → 卿 → 振 → 起 → 祚 → 東
(辛) (壬) (癸) (子) (丑) (寅) (卯) (辰) (巳) (午) (未)

십간자나 지지자 항렬은 매우 드물고 대개는 오행을 적용한다. 항렬에는 오행의 상생지의(相生之義)를 적용하기 때문에 금·수·목·화·토의 순서가 일반적이다. 예를 들면 다음과 같다.

鉉 → 淵 → 東 → 憲 → 基 → 鏞 → 海 → 植 → 炳 → 奎
(金) (水) (木) (火) (土) (金) (水) (木) (火) (土)

반남 박씨의 어떤 집안은 돌림자를 一부터 十까지, 즉 一 二 三 四 五 六 七 八 九 十이 들어 있는 글자로 항렬을 삼았다.

27세 ○雨 28세 天○ 29세 ○春 30세 憲○ 31세 ○吾 32세 章○
33세 ○虎 34세 謙○ 35세 ○旭 36세 平○

만약 大→宗→泰→憲→梧→奇→純→俊→旭→南으로 하는 항렬이 있다면 이것도 위의 예와 같이 숫자를 기준으로 한 항렬 배열 방식이다. 선조 때의 인물인 남강 권상(權常, 1508~1589)은 '心中大德經世彦人' 8자로 자손의 항렬자를 정하였다. 그의 손자 항렬 때부터 이 원칙이 적용되어 權悅·權憘 등 忄변이 들어갔고, 다음 대인 23세는 ○中, 24세는 大○, 이하 德○ → ○經 → 世○ → ○彦 → 亻변 등으로 항렬이 진행되어 왔다. 해방 이후 대부분의 종중들은 불어난 자손들로 인해 한 자로 항렬을 정하면 동명(同名)이 허다할 것을 염려하여 대종중에서는 오행의 원칙만 정해 주고 각 파에서는 오행을 따라 스스로 자획(字劃)을 취하여 작명하는 경향이 생겨났다.

한글 이름에서도 돌림자를 쓰는 독특한 예가 있다. 작곡가 금수현

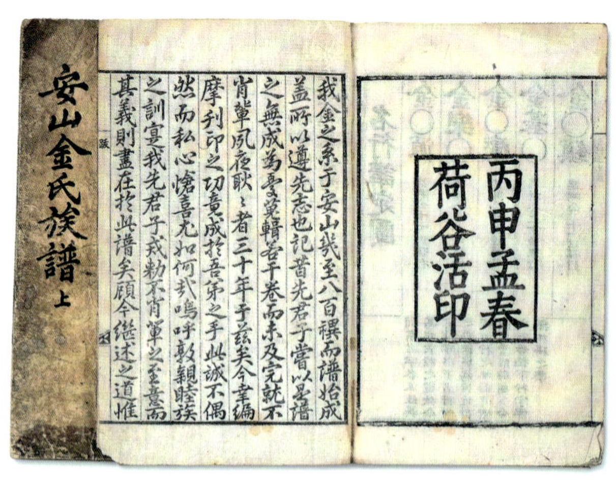

안산 김씨 족보 간인

(1919~1992)의 호적 이름은 김수현인데 쇠 금(金)자를 한글 그대로 읽기 위해 성을 김씨에서 금씨로 바꾸었다고 한다. 항렬도 정하였는데, 한글 자음인 ㄱ ㄴ ㄷ ㄹ순으로 하였다. 지휘자 금난새(1947~)를 비롯해 금나라 · 금누리 · 금내리 · 금노상 등 5남매의 이름을 모두 ㄴ이 들어가는 한글로 지었다. 그 다음 세대는 금다다 등처럼 ㄷ이 들어가는 글자로 이름을 지었다.

일제 시기에 작성된 족보에는 범주(凡註)에 "때로 빈 공간은 관인 허가(官認許可) 때문에 삭제한 것"이라고 기록한 경우가 있어 족보 제작 때 총독부에서 일정한 잣대를 내세워 내용에 대한 검열을 했던 것으로 보인다. 일제 때 발행된 족보는 대개가 맨 뒷장 판권에 총독부 허가임을 밝혔다. 원래 족보 맨 뒷장에는 인쇄 사실을 밝히는 간인(刊印)이 있다.

제작 시기가 올라가는 목판본인 경우 이를 만든 절이나 지방 감영의 이름이 들어가고, 활판이 유행한 후기로 내려오면 서원이나 재실, 기타 보소(譜所)의 지명이 들어간다. 제작 연월일을 넣기도 한다.

족보의 제작 과정

족보 발간은 종중회의에서 종중원의 의결을 걸쳐 정한다. 대개는 음력 10월의 시제 때 가장 많은 종중원이 모이기 때문에 시제를 마치고 회의를 한다. 족보는 대개 한 세대, 즉 약 30년 간격으로 간행되지만 종중 또는 시국 여건 등이 반영되어 늦어지거나 건너뛰기도 한다. 족보의 틀과 내용이 잡히면 이후의 족보 발간은 이전 족보에 빠졌던 새로운 세대의 이름을 넣는 것이 주된 작업이다.

족보 제작 간격은 집안에 따라 다르다. 여기서는 성주 이씨들의 족보 간행을 예로 든다. 1797년에 간행된 족보의 중간서(重刊序)에 의하면 다음과 같다.

1차 1613년(만력 계축)에 간행 1책
2차 1687년(숙묘 정묘)에 간행 3책(74년만)
3차 1751년(영묘 신미)에 간행 7책(64년만)
4차 1797년(현재) 12책(46년만)

여기서 시대가 내려올수록 간행 간격이 줄어드는 것을 볼 수 있는데, 이는 어느 집안에서나 흔히 나타나는 현상이다. 이들이 1687년에 간행한 족보에는 간혹 선남후녀(先男後女)를 하지 않았고 외손 기재 범위도 대수(代數)를 제한하지 않았다. 즉 외손의 외손도 7~8대를 기재하였고, 혹 10대를 기록한 것도 보인다. 그러던 것이 1797년 족보에는 외손은 적되 외손의 외손은 현달한 자에 한하여 방주로 처리하였다.

간행에 드는 기간도 시대가 내려올수록 줄어든다. 그런데 판본에 나오는 연대가 실제 책이 출간된 연도로 보기 힘든 경우가 많다. 서문이나 발문의 연대는 더욱 그러하다. 족보 간행은 발기(發起)에서 완료까지 대개 4~5년이 걸리기 때문이다. 제작 속도가 빠른 연활자(軟活字)나 석판을 사용한 일제 시기의 경우라도 대개 2~3년은 걸린다. 전라남도 능주(綾州), 즉 화순군 능주면의 한 재실에서 제작한 족보를 예로 들면 1927년 5월 5일에 발기하여 1930년 5월 10일에 이르러서 설청(設廳), 즉 보소(譜所)를 만들고 판(版)을 짜기 시작하여 1933년 9월 10일에 완성을 보았다. 전라도 나주 회진(會津)의 나주 임씨(林氏)들은 12책으로 이루어진 『나주임씨세보(羅州林氏世譜)』를 1865년 11월에 시작하여 1867년 6월에 마쳤다. 초본이 이미 마련되어 있어 단기간에 마칠 수 있었던 것 같다. 그들은 족보 발행 동기를 다음과 같이 적었다.

> 우리 파는 세상에 알려진 지 오래되나 보첩(譜牒)에 인쇄본(印刷本)이 없던 것을 많은 사람들이 병(病)으로 여겼다.

1924년에 간행된 『파주염씨세보(坡州廉氏世譜)』는 1920년 겨울에 시작하여 1922년 가을에 준공하였는데, 아마도 발간 기간으로서는 평균치인 것 같다. 목활자로 간행된 『전의이씨족보(全義李氏族譜)』는 1899년 11월 26일에 제작을 시작하여 1900년 4월 28일에 끝났다고 하였다. 모두 18책 1,585장에 100질을 5개월이란 짧은 기간에 출간하였다고 하

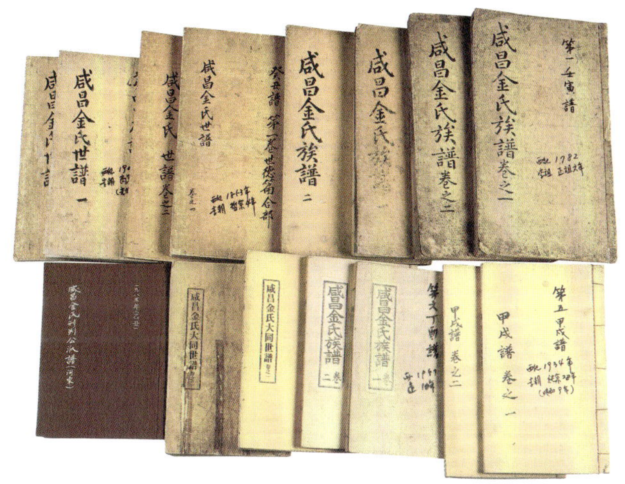

함창 김씨 족보 세보 7판

였는데, 이 경우는 제작의 시점을 수단을 시작한 때부터가 아니라 마감 다음부터로 정해 인쇄 기간만을 계산한 것 같다.

족보 제작과 관련한 사항은 인쇄술의 발달과 밀접한 관계가 있다. 조선 후기의 경우를 보면 역으로 족보의 수효가 인쇄술의 대중화를 촉발시킨 면도 보인다. 초기 족보들은 목판인쇄에 의존하였다. 목판인쇄술은 대개 경전을 간행해 온 사찰이 가지고 있었다. 1617년에 목판인쇄로 간행된 청주 한씨 초간보인 『청주한씨족보(淸州韓氏族譜)』에는 서원(西原), 즉 청주의 보살사(菩薩寺)에서 개인(開印)하였다는 것과 승려 5인, 각자(刻字), 색리호장(色吏戶長), 유사(有司) 등 작업에 참여한 사람들의 이름이 명기되어 있다. 사찰 다음으로 족보를 많이 찍은 곳은 지방의 감영(監營)이다. 비교적 이른 시기에 간행한 족보를 보면 어느 집안이나 이

둘 중 어느 한 곳의 인쇄 기술력에 힘입은 것이다. 지방관으로 나가는 인물이 나오기를 기다렸다가 족보 제작을 기획하는 경향이 있었을 정도다.

『한산이씨족보(韓山李氏族譜)』 초간보는 1643년에 간행되었다. 원래 한산 이씨는 구보(舊譜)가 있었다고 하나 이는 간단한 형식의 보첩(譜牒)이었으며, 그나마 책판이 전해지지 않아 세대의 경과에 따라 증가된 자손들을 족보에 올리기 위해서는 새로운 형태의 족보 간행이 요구되었다. 이에 이덕수(李德洙, 1577~1645)는 강원도 관찰사로 부임한 뒤 집에 소장되어온 성보(姓譜)를 토대로 족보 간행을 계획하였으나 막대한 간행 경비를 조달하기가 힘들어 일을 착수하지 못하였다. 그때 마침 종중의 이흥록(李興祿)이 근방의 찰방으로 부임하여 족보 간행에 적극 동의하고 경비 조달에 협조함으로써 간행을 완료할 수 있었다.

족보 출간을 위한 재원(財源)은 위의 사례처럼 지방관으로 나간 인물들이 그 기반을 마련하고 이에 더해 종중 성원 개개인의 각출을 통해 마련된다. 개개인에 대한 비용은 족보에 올릴 이름 명수대로 똑같이 나누어 분담하게 된다. 여기에 재력이 있는 종중원의 기부가 보태진다.

조선 후기가 되면 양반 사족들은 일정 지역을 기반으로 누대에 걸친 재산 및 제사 상속을 행하고 조상 묘소도 한 지역으로 집중하여 종중 조직을 구성하게 된다. 이에 따라 족보 제작도 지역의 종중 집단을 중심으로 이루어지고, 이것이 더 넓은 지역으로 확대되면서 결국은 전국을 단위로 하는 대동보 제작으로까지 발전한다. 이때 종중 단위의 족보 제작은 가격이 저렴하면서도 속도가 빠른 목활자 인쇄로 하였다. 일제 시기에는 연활자(軟活字)가 보급되고 철필(鐵筆) 인쇄도 동원되어 제작에 드는 가격이나 기간 모두 줄어들었다.

족보 제작에서 항시 문제가 되는 것은 선대의 계통과 종중원의 자격

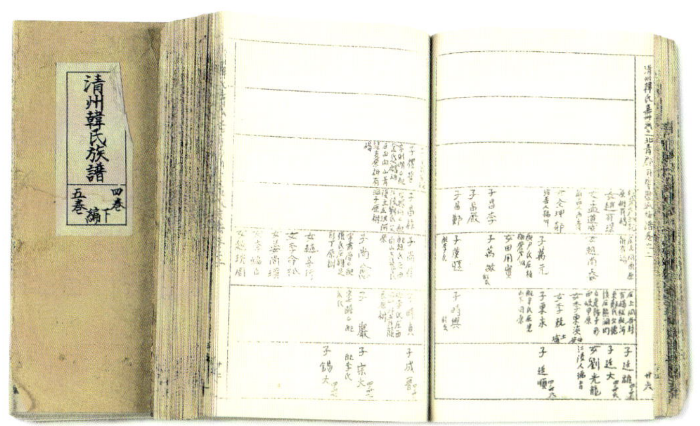

청주 한씨 족보 철필본

에 대한 고증 및 진위 여부다. 제작 과정에서 인쇄 시설을 갖춘 자가 위조의 주역이 되는 경우도 있다. 족보를 많이 소장하고 있는 자 역시 족보 간행에 도움이 되는가 하면 위조에 공조할 가능성도 있다. 이전 족보를 해체하고 위조한 내용으로 바꾸는 일도 족보 제작 과정에서 볼 수 있다. 족보 제작의 주체를 결성할 때 큰 문중과 작은 문중과의 이해관계도 작용한다. 예컨대 큰 문중은 독자적으로 작성하고 싶어하고 작은 문중들은 그 체제 안에 편입되기를 바란다. 후에 대동보 작성으로 이러한 문제가 다소 완화되었다. 『전주이씨우봉공파보(全州李氏牛峰公派譜)』(1907년, 1책)의 범례에 의하면 전주 이씨 우봉공파에서는 이러한 위험을 줄이고 위보를 막기 위해 대종이 주관하는 대동보가 발간된 이후에 우봉공파만 별도로 잘못된 사항을 수정하여 완성한 수성파보(修成派譜)를 제작하기 시작했다고 한다.

전라도 구례군 토지면 유씨가의 일기 『기어(紀語)』에 다음과 같은 기사가 있다.

[1918년 11월 7일]

하동 악양 안심면 신서리에 사는 유사진에게서 편지가 왔다. 내용은 족보를 고치는 일에 관한 것인데 곤산군(崑山君) 이하의 파보(派譜)를 만든다 한다. 아, 55년 전 갑자보 때에 조부모께서는 19세의 젊은이였다. 지금은 73세가 되셨다. 19년 전인 경자년에 족보를 고산 수산동에서 수년 동안 연구하여 다시 간행하려 하였으나 서로 의견이 달라 성사되지 못하였다.

종중 각 개인에 대한 제작비 징수는 수단(收單) 때 수단금(修單金)을 받는 방식으로 이루어진다. 즉 족보에 등록하는 인명의 수에 따라 명하전(名下錢)이라는 수단금이 부과되는데, 관(冠, 어른)과 동(童, 아이)에 따라 액수를 달리하여 책정한다. 전라남도 영광군 영광면에 사는 영월 신씨(辛氏)들은 수단 유사를 통해 1967년도에 840원을 관 3명, 동 6명의 수단금으로 보소(譜所)에 냈다. 어른 1명당 140원, 아이 1명당 70원을 받은 셈이다.

족보의 발행 업무는 추수가 끝나고 음력 10월 시향제를 가진 이후에 시작된다. 먼저 단자를 모아 정리할 장소, 즉 보소와 일을 전담할 유사(有司)를 정한다. 유사록(有司錄)을 보면 도유사(都有司)를 중심으로 교정(校正)·감인(監印)·정서(正書)·장재(掌財) 등의 직함이 보이는데, 이를 통해 이들이 제작 과정에서 무슨 일을 하는지 알 수 있다. 장수 황씨 족보에 나오는 유사는 역할에 따라 문장(門長)·도유사(都有司)·교정(校正)·장재(掌財)·감인(監印)·서사(書寫)·봉단(奉單)·수전(收錢) 등으로 나누었다.

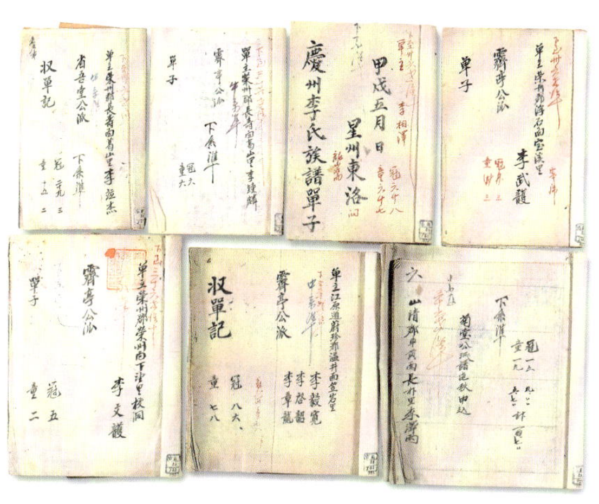

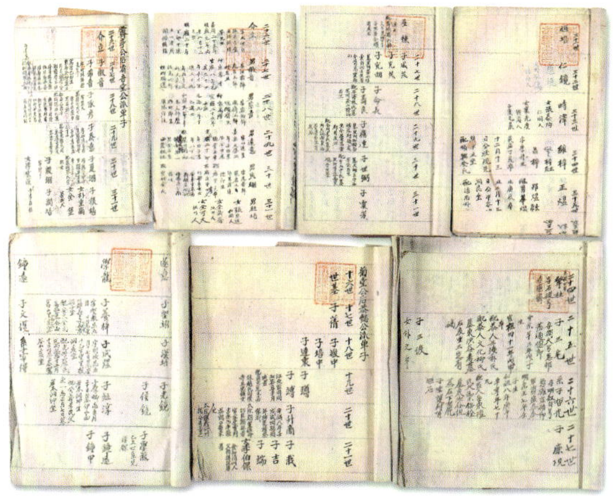

경주 이씨 수단기

하회 충효당

다른 책과 마찬가지로 족보도 인쇄에 들어가기 전에 초고(草稿)를 작성하는데, 간혹 이 초고가 『초보(草譜)』라는 이름으로 남아 전해지는 경우가 있다. 경상북도 안동시 하회동 충효당(忠孝堂)에 소장된 풍산 유씨 족보의 초고본이 그 예다. 저자 미상의 필사본으로 필사 시기는 17세기 말경으로 추정된다. 1책 50장으로 서·발문 없이 권수(卷首)에는 풍산 유씨 선대의 내외 세계와 고려 말의 호적 사항과 범례를 기재한 다음, 제1세 시조에서 8세까지, 다시 줄을 바꾸어 9세에서 16세까지를 적었다. 당시 유운룡(柳雲龍)·성룡(成龍) 형제가 16세기 말에 문호를 크게 일으키자 이들의 손자가 조부의 세계와 사적을 정리하려 했던 것 같다.

족보 인쇄는 왕실보는 선원록청에서 하지만 그 외에는 인쇄 시설이 있는 기관이나 인쇄 기술자에 의존한다는 것은 앞서 언급한 바 있다. 족보 인쇄는 과거나 현재나 상당한 이익을 볼 수도 있는 작업, 또는 직업으로 인식되어 있다. 제작 과정에서의 청탁이 있기도 하고 족보를 판매해야 할 부담도 없다. 목활자 인쇄가 보편화되면서 목판 인쇄 때보다 제작이 쉬워지고 비용도 절감되었다. 족보는 목활자 인쇄가 발달하는 데 영향을 끼쳤고 역으로 인쇄 기술의 대중화로 족보 출간이 활발해졌다.

제작된 족보를 놓고 조선 전기와 후기를 비교해 보면 다음과 같다.

우선 전기 족보는 이의 제작을 통한 신분의 차별화를 목적으로 하였으며, 교통 통신의 장애로 누락된 파나 명단이 많은 것이 특징이다. 반면 후기 족보는 각 개별파가 통합하여 상대(上代)를 늘려 나가고 이전 족보에서 누락된 파나 명단을 보충하는, 그래서 위조 논란도 커지는 특징을 보인다. 족보 간행이 활성화되면서 위로 상대를 소급해 올라가고 이에 따라 족보 수록의 단위가 커져 가는 현상은 중국에서도 유사하게 나타난다. 이와 같은 현상을 "회종(會宗)과 통보(統譜)가 잦아진다"고 표현하였다.

족보 기록의 허와 실

앞서 언급한 바 있지만 족보를 위조하는 행위를 과거 사람들은 환부역조(換父易祖)라고 표현하였다. 위보(僞譜), 즉 위조된 족보에 대한 논의는 족보 발간이 늘면서 잦아질 수밖에 없다. 그런데 이것으로는 위보 발간의 동기를 설명할 수 없다. 족보 위조 현상이 나타나는 이유는 그것이 사회제도 속에서 기능을 하고 있기 때문이다. 좀 더 구체적으로 말하면 족보가 신분을 증명하는 근거가 되었으며, 나아가 양반 신분은 법적인 제도 속에서가 아니라 사회적인 인정 속에서 보장되어 갔음을 말해

인쇄 목활자

철활자 큰자 조선 왕실의 선원속보 인쇄 활자, 국립중앙박물관 소장

주는 것이다.

조선 시대에 양반이 누렸던 많은 혜택이 있었지만 그중에서도 특히 군역과 잡역의 면제를 들 수 있다. 이 혜택은 단순히 역의 면제 유무에 머무는 것이 아니라 신분을 가르는 기준이 되었다. 그런데 자신의 신분이 면역의 대상이 되는가의 여부는 가깝게는 아버지, 멀게는 조상이 국가가 인정하는 면역 대상인가로 결정되었다. 그리고 그것을 증명할 수 있는 여러 문서들이 있었지만 그중에서도 족보가 가장 보편적인 기능을 하였던 것이다.

최규서(崔奎瑞, 1650~1735)의 『간재집(艮齋集)』(권5)에는 그가 숙종에게 올린 계문(啓文)이 실려 있는데, 족보를 위조하는 간민(奸民)을 법에 따라 벌하라는 내용이다.

> 근래에 조정에서 일을 바로잡고 호패를 만들어 운영하니 그 효력으로 군역을 피하려는 무리들이 숨을 데가 없게 되었습니다. 그런데 그중 간교한 무리들이 어리석은 백성을 속여 금품을 받고 몰래 보판(譜版)을 만들어 찍어 주는데, 혹은 함부로 공훈이 있는 집안이라고 기록하고 혹은 선현이 종파를 바꾼 것처럼 꾸미기도 합니다. 이는 윤리를 어지럽히고 풍교(風敎)와도 관련된 일이어서 징치(懲治)할 일이라 여겨 신이 이미 약간 명을 잡아 가둔 일이 있습니다. 허나 위보가 인쇄되어 어지러이 돌아다니니 이는 신이 다룰 수 있는 문제를 넘은 것 같습니다. 청컨대 해당 기관에 명을 내리시어 법에 따라 죄를 주시고 인쇄되어 돌아다니는 위보들을 찾아 없애게 하고 혹 집에 감추어 두고 바로 신고하지 않는 자에게도 엄히 벌을 내리시기 바랍니다.

角牌入仕(호패) 국립중앙박물관소장

즉 위보에 대한 공급과 수요가 결국 피역(避役)을 매개로 이루어지게 된 것은 그것이 하나의 피역 수단으로 작동할 수 있다고 보았기 때문이다. 1799년 4월 28일의 『일성록(日省錄)』 기사를 보면 정조는 한걸음 더 나아가 향곡의 백성들이 위보를 만들어 반족(班族)임을 자칭하는 이유가 하나는 호패법이 해이해져 군역 운영이 문란하기 때문이고, 또 하나는 본관과 파계(派系)가 분명하지 않은 성보(姓譜)에 있으므로 군역 체계를 바로잡고 인쇄되지 않은 성보의 제작과 사사롭게 활자를 만드는 일을 금하여 향관(鄉貫)을 쉽게 바꾸는 일이 없도록 하라고 지시하였다.

다산 정약용이 1798년에 곡산부사로 재임할 때 올린 장계에 위보에 관한 이야기가 비교적 상세하게 나와 소개한다. 『여유당전서(與猶堂全

書)』 제1집 시문집 중 제10권 문집편에 있다.

황해도 곡산군 청계방 문양리에 거주하는 이인번(李仁蕃)과 이인화(李仁華)는 형제간으로 읍치 북쪽 대로변에 위치한 문성진(文城鎭)에 충역된 아병(牙兵)인데 스스로 정종의 넷째아들인 선성군(宣城君) 이무생(李茂生)의 후예라고 하면서 수교완문(受敎完文) 책자 1권과 계하첩문(啓下帖文) 6장을 들고 와서 아병을 면하게 해달라고 부사인 저에게 요구하였습니다. 그래서 그 계파의 진위를 알고자 가져온 족보를 보니 거짓된 것이 백가지나 나와 간악한 상태가 모두 드러났습니다. 계파로 나열한 것은 빈틈이 아닌 것이 없지만 그중 선성군의 현손이며 영의정을 지낸 노저공(鷺渚公) 이양원(李陽元, 1526~1592)의 파에 대해서는 제가 평소에도 잘 알고 있는데 이 족보를 보니 자손에 대한 기록이 어지럽게 섞인 것이 전혀 모양새를 갖추지 않았고 벼슬한 인물이 줄줄이 있는데도 애초에 거론하지도 않았습니다. 현재 조정에 있는 인물로서 인번이 더욱 높여야 할 자도 누구 하나 기록되어 있지 않았습니다. 또한 인번의 파에서 소위 귀재다, 막동이다, 귀만이다 하는 인물은 상세히 실었는데 이들은 능성부령(綾城副令) 밑에 거짓으로 붙여져 있었습니다. 소위 계자(繼子)인 필명(弼溟)의 생부 동주(東柱)부터 이 위접(僞接)이 시작된 듯합니다. 아아, 실로 가슴 아픈 일입니다. 해서지방에서 벌어지는 위보의 폐단은 그 끝이 없습니다. (후략)

다산은 이들이 면역을 위해 제시한 책자(冊子), 첩문(帖文), 완문(完文), 계단(系單)은 가짜 족보를 만든 후에 만들어진 것이라고 하였다. 즉 이러한 문서들이 당시 신분 상승과 족보 위조에 주로 동원되는 것들임을 알 수 있다. 그는 곡산군의 오래된 장적을 보았더니 이인번의 5대조인 이춘방은 정병(正兵), 고조부 돌이(乭伊)는 보병(步兵), 조부 춘발은 문성진졸(文城鎭卒), 부 세민은 문성진교(文城鎭校)로 나오고, 인번 또한 1780년의 경자식 호적에는 진졸(鎭卒)로 입호(立戶)하였지만 1783년의 계묘식부터 위보를 만들기 시작하여 족친위(族親衛)라는 직역으로 입호하고는 소위 누대거생(累代居生)이라고 하여 누대로 향교의 교생(校生) 신분이었기 때문에 한 번도 역을 진 바가 없다고 말하였음을 알게 되었다. 족보에 5대조 춘방의 이름이 휘(揮)로 고쳐진 것도 위보의 흔적이라 하였고, 인화 등의 이름이 이미 완문의 책표지에 실린 것은 이 형제가 상경하여 이서(吏胥)와 짜고 만든 것이 명약관화하다고 하였다.

족보가 신분 규정에 영향을 주는 한 위보 제작과 이에 따른 사회문제도 근절될 수 없는 일이었다. 그리고 비단 위보를 만들지 않더라도 남의 족보를 구입해 소지하고 있는 것 자체가 환부역조의 수단이 될 수 있다는 점도 상기할 필요가 있다. 1808년 1월 4일의 『일성록』 기사에는 선원보나 족보를 인출하여 팔러 다니는 자가 있으며(璿譜族譜印出行賣者), 집에 활자를 숨겨 두고 각 성보를 인쇄하여 여기저기 파는 자도 있다고 하였다(藏鑄字冒印各姓譜册散賣). 그리고 이것은 필경 씨족이 모두 어지럽게 섞이고 반천을 변별할 수 없게 만들 것(畢竟氏族擧皆殽雜 班賤無以卞別)이라고 하였다.

만약 세상에 위보가 만연하여 급기야 진위를 가릴 수 없게 된다면 계보기록을 사실에 충실하게 작성해 온 이들에게는 더 이상 족보가 주는 특혜를 누릴 수 없게 될 것이다. 족보를 만들 때 범례를 정해 수단을 받지 않는다든가 별보(別譜) 등에 실어 유보하는 이유가 결국은 특혜를 침해받을까 염려해서다. 그래서 족보를 새로 만들 때 이를 주관하는 자들은 이전 족보 수단 때 돈에 눈이 멀어 끼어들기를 허용하여 위보를 만들게 된 일

위보 관련 통문

을 반성하는 한편 기존의 종중원이 본의 아니게 빠지는 일이 없도록 수단에 만전을 기해 달라는 내용을 통문에 담아 발송하였던 것이다.

다산 정약용이 위의 장계에 담은 내용은 그의 표현처럼 명약관화한 사례인지 모른다. 특히 그것은 그가 산 시대의 특징이기도 하다. 그러나 진실로 판명된 내용 속에도 허구가 있을 수 있듯이 허구 속에도 사실이 있을 수 있다. 시기를 좀 더 올라가 보면 잦은 사화와 정변, 그리고 전쟁으로 그 가능성은 생각보다 높고 그 허실의 기준 또한 분명하지 않다. 아마도 그러한 이유로 위보를 위보로 인정하지 않으려는 자도 있고, 족보가 없는 이유가 애초에 없어서가 아니라 유실되었기 때문이라고 믿는 자도 있게 된다.

족보 내용 중에서 가장 불확실한 정보는 시조에 관한 것이다. 족보 중

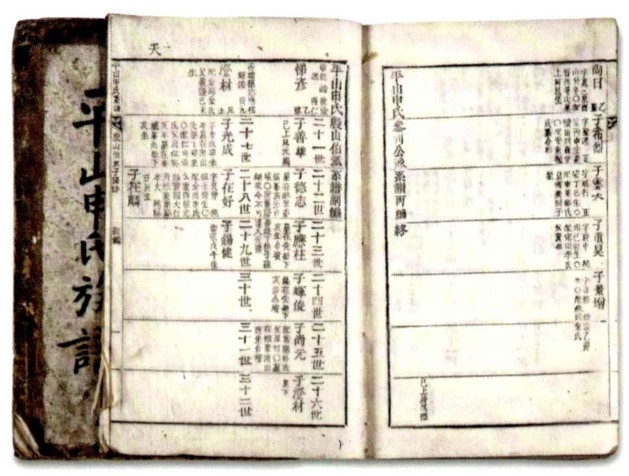

평산 신씨 족보 부편

에는 시조로서 불확실할 때 그에 대신하여 일세(一世), 또는 일세조(一世祖)로 표기하는 경우도 있다. 선조나 윈조의 논쟁은 의외로 많지만 위보 논쟁만큼 심각하지는 않다. 족보를 위간(僞刊)하였다는 판단도 시조나 중시조의 계통이 분명할 때 가능한 것이지 그렇지 않은 상태에서는 자기들과 일치하지 않은 족보에 대해 일방적으로 위보라고 단정할 수 없게 된다. 오랫동안 누보(漏譜)된 자가 믿을 만한 문적(文蹟)이 없을 때는 별보에 붙이거나 첨간(添刊)한다고 하였는데, 실제 별보를 보면 위와 같은 사연으로 공존하는 계보들을 볼 수 있다. 그러나 심하게 동떨어진 별보의 계통들도 세월이 흐른 어느 순간에는 별보의 표시가 없어지며 적당히 합쳐지는 타협이 이루어진다.

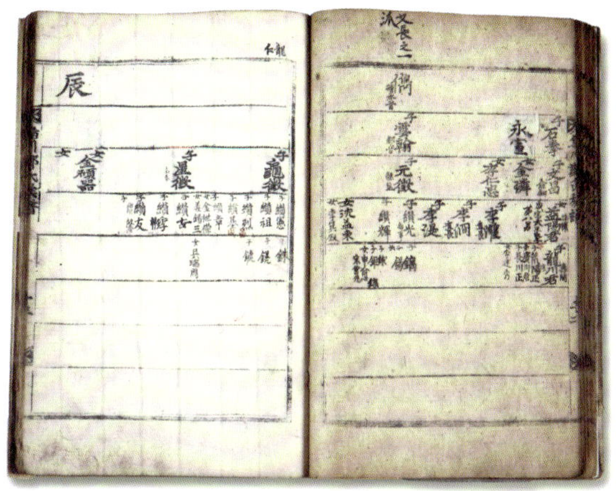

오천 정씨 족보

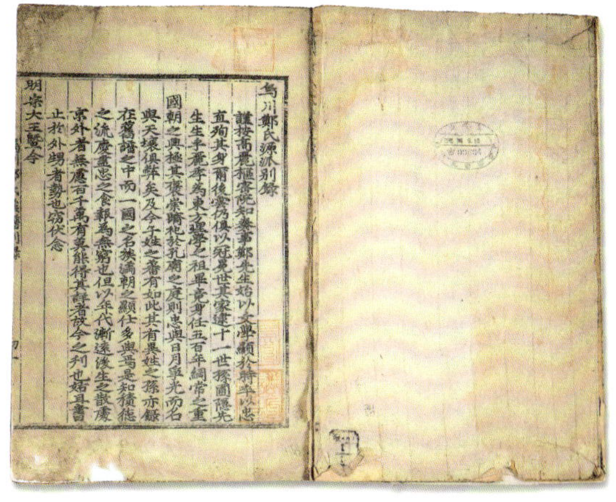

烏川鄭氏源派別錄
謹按高麗樞密院知奏事鄭先生始以文學顯於特年以忠
直殉其身爾後寔仍俱以冠冕世其家逮十一世孫圃隱先
生生乎麗季爲東方理學之祖畢竟身任五百年綱常之重
國朝之興極其褒崇躋祀於孔廟之庭則忠與日月爭光而名
與天壤俱弊矣及今子姓之蕃有如此其有異姓之孫亦錄
在舊譜之中而一國之名族滿朝之顯仕多與焉是知積德
之流慶盡忠之食報爲無窮也但以年代漸遠後生之散處
京外者無慮百千萬有莫能得其辭者故今之刊也始具書
止於外甥者勢也竊伏念
明宗大王聖今

오천 정씨 별록

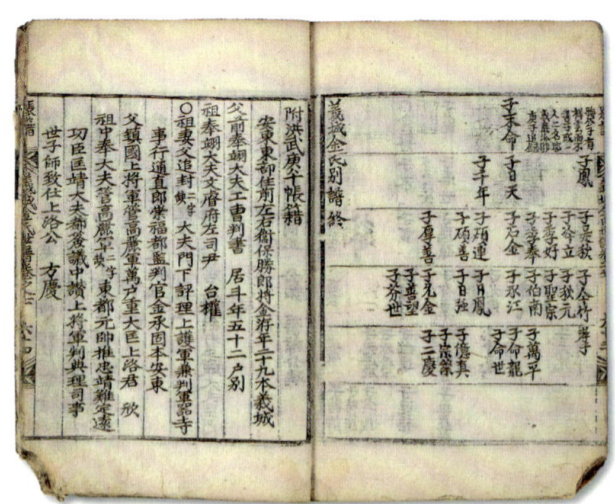

의성 김씨 세보 별보

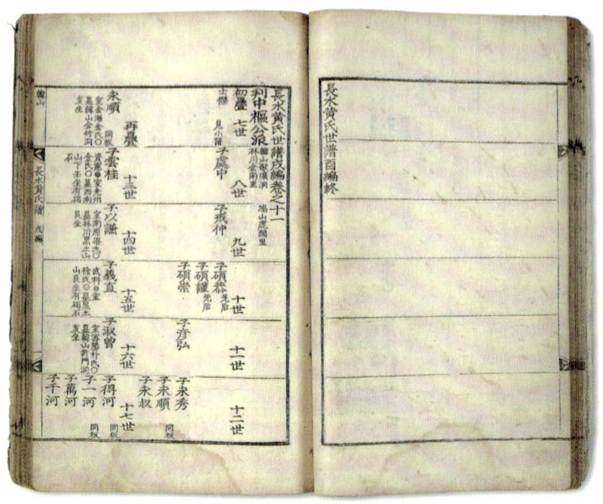

장수 황씨 세보 별보

4. 족보의 실제

족보에서 찾는 집안의 과거사

족보에는 그 집안의 과거사가 담겨 있다. 이름 옆에 붙인 방주는 그 조상에 대한 가장 간결한 정보를 담고 있다. 족보에는 모든 조상의 기록이 동등하게 실리지 않는다. 가문을 세우거나 빛낸 조상일수록 기록 양이 많다. 행장(行狀) 등 이들에 관한 기록이 많아서 그렇기도 하지만 가문의 위세와도 관련되기 때문이다. 특히 시조나 파조의 경우 이들이 왜 그러한 위치에 있는지를 기록으로 보여줄 필요가 있다. 따라서 이들에 대해서는 기재 내용의 일반적 사항에 더하여 각종 사료에서 찾은 특수한 내용이 첨가된다.

역사 기록은 시대가 내려올수록 풍부하지만 족보 기록의 양은 오히려 그 반대인 경우가 많다. 선대로 올라갈수록 직계 후손들의 수가 많아지므로 그에 따른 배려라고 여겨지며, 횡보 방식의 족보에서는 선대로 올라갈수록 기록할 여유 공간이 많기 때문이기도 하다.

족보를 통해 조상의 생몰 연대는 물론 가까운 조상들은 돌아가신 날까지도 확인할 수 있다. 그러한 사실적인 정보가 족보에 들어 있다는 전제하에 그러하다. 조상의 관직은 자기 집안이 문인 집안인지 무인 집안인지, 관료 집안인지 학자 집안인지, 아니면 중인 집안인지 알려준다. 자세한 행장이 반영된 조상의 기록은 집안의 학문적인 배경이나 정치적 입지, 나아가 당색에 대한 정보도 제공한다. 이것은 배위(配位), 즉 시집온 할머니들의 집안의 성격을 통해서도 분석이 가능하다. 일종의 통혼망을 통해서다.

방주 내용 중에 가족사와 관련하여 가장 핵심적인 정보는 분묘(墳墓) 위치다. 분묘는 위치, 좌향, 묘의 형태 등으로 구성된다. 우선 이것으로 유실된 묘와 묘역을 찾을 수 있다. 아마도 분묘를 기록한 목적이 바로 여기에 있었을 것이다. 그 다음에는 조상들의 이동 경로를 추적할 수 있고 자신이 살아온 고향에 언제 정착했는지 그 시점을 알 수 있다.

족보를 자세히 들여다보면 그 안에는 집안의 자랑거리만 기록되어 있지 않음을 알 수 있다. 적서(嫡庶)의 갈등은 조선 시기 내내 집안을 긴장케 하는 잠재적인 요소였다. 갈등이 표면화되면 그 여파가 족보상으로도 나타난다. 남의 세력에 의지한다는 뜻의 투탁(投託)은 여러 사회현상을 나타내는 개념으로 쓰이는데, 적통에 대한 서족의 투탁은 서족을 족보에서 배제한 결과로 나타나기 일쑤다. 서족들이 조상이 분명하지 않은 상태로 있다가 계통을 찾아 본가에 진입할 때 투탁 논란이 일어난다. 형제간의 분쟁은 대개 재산 상속 문제로 불거지기도 하고 당색이 개입되기도 한다. 어쩌다가 골육상쟁으로까지 발전하면 대개는 다음 세대의 수단 과정에서 문제가 나타나 족보상에 반영되기도 한다.

사람들이 족보를 중요시 여기는 이유 중의 하나는 그 안에 집안의 자랑거리가 있다고 믿기 때문이다. 옛날 사람들은 족보를 신성시하여 족보를 가져온다고 하지 않고 모셔온다고 했고, 맨손으로 들쳐 보지 않고 손을 씻은 다음 정좌한 자세에서 열람하였다. 그 내면에는 자신을 이 자리에 있게 한 조상에 대한 공경심이 있기 때문이다. 그러나 그것이 집안을 넘어 사회현상으로 나타날 때는 부정적인 측면이 끼어든다. 족벌에 대한 집착으로, 혈연을 숭상하는 풍조로, 한미한 집안을 얕보는 태도로 나타난다.

족보와 사회상

족보와 인구 재생산

족보는 정착 사회의 자기 기록이다. 이동이 심한 사회라고 족보가 없을 수 없다. 단지 그 계통이 단선적이라는 차이 말고는 이들도 혈연을 통한 통합을 요구하기 때문이다. 그러나 통합을 필요로 한다고 굳이 족보가 필요한 것은 아니다. 족보와 정착은 승계와 상속을 매개로 누대를 걸쳐야 나타난다. 그러한 공통점 때문에 두 현상은 상호 관련성을 갖는다.

족보를 통해 인구의 이동을 본다면 역설로 들릴지 모르지만 족보 속에는 이동에 대한 정보가 상세히 들어 있다. 조상의 묘소를 통해 이동 경로를 추적할 수 있기 때문이다. 물론 여기에는 함정과 난관이 있다. 특히 근기(近畿) 지역의 경우는 더욱 그러한데, 거주지와 세장지가 일치하지 않은 경우가 많고 세거지 또한 불분명한 경우가 많다.

족보는 양반 지배층의 기록이기 때문에 이를 통해 사회 전반의 인구 이동 현상을 보기보다는 지배층의 이동을 본다고 하는 편이 맞다. 피지배층 농민의 이동은 간혹 발견되는 위보를 통해서나 장기간에 걸친 호적 기록으로 간신히 추적할 뿐이다. 족보에 나타난 지배층의 이동은 서울과 지방, 그리고 그 중간에 위치한 근기로의 이동 등으로 유형화할 수 있다. 그 계기는 대개 세 가지인데, 과거 입격에 이은 관직 제수(除受),

처가로의 입향, 그리고 묘막지(墓幕地)에서의 세거다. 첫째는 서울로의 이동, 둘째는 지방으로의 이동, 그리고 셋째는 근기 지역으로의 이동으로 나타나는 경향이 있다. 이중에 어느 유형의 이동인지는 족보에서 그 정보를 찾을 수 있다.

서울에서 지방으로 이거한 양반이 그 지역에서 정착하는 과정도 족보를 통해 파악할 수 있다. 대개는 한 지역 내에서 분기하기 때문에 이동 거리는 짧은 편이다. 조선 후기에 들어오면 웬만한 지역 세력들은 선산을 마련하게 되는데, 차후 지역 세거의 기반이 될 뿐만 아니라 그 결과물이기도 하다. 지방에서 근기로 이동하는 경우는 매우 특이하지만 중요한 사회현상이다. 이것은 18세기 후반 이후 신분 상승을 도모하는 향촌의 중간층이 비교적 신분 견제가 느슨한 지역으로 옮기면서 벌어진 현상의 하나다. "종토(宗土)를 깔고 앉는다"고 하여 경작지가 없어 산지기나 묘지기를 자처한 종중 일원도 이 대열에 합류한다.

족보에 등장하는 생몰 표기는 과거 사람들의 평균 수명을 측정할 수 있는 중요한 정보를 제공한다. 물론 앞선 시대를 산 인물일수록 정확성은 떨어진다. 또 졸년보다 생년이 불명인 경우가 더 많다. 이러한 자료의 불완전성은 실록이나 문집, 호구단자 등 비교적 정확한 자료를 통해 검증을 거친 후 보완할 수 있다.

족보에 기재된 세대별 평균 자녀의 수는 인구 증가율을 측정할 수 있는 지표가 된다. 대개 족보는 양반 상류층의 인구 현상을 반영한 것이지만 외적 요인에 의한 급격한 증감은 전체 인구 변동 추세에도 적용될 수 있다. 무후(无后) 및 계자(系子)의 빈도와 범위 등은 해당 성씨의 인구 추이뿐 아니라 전체 인구의 증감과 그 원인을 밝히는 일차 자료를 제공해 준다.

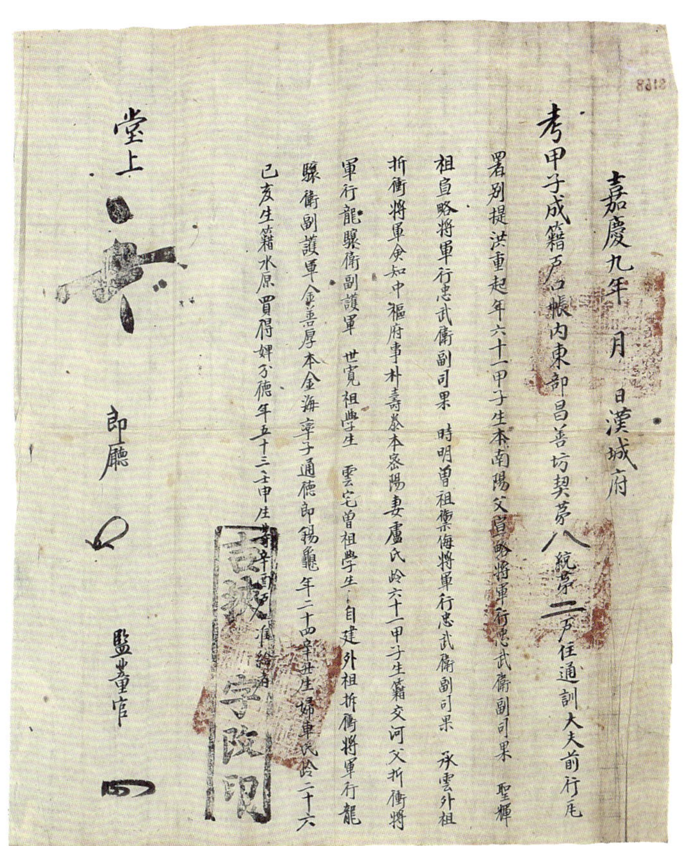
嘉慶九年 月 日漢城府
考甲子成籍戶口帳內東部昌善坊契第八統第二戶住通訓大夫前行[illegible]
署別提洪重起年六十一甲子生本南陽父宣略將軍行忠武衛副司果 聖輝
祖宣略將軍行忠武衛副司果 時明曾祖禦侮將軍行忠武衛副司果 承雲外祖
折衝將軍僉知中樞府事朴壽基本密陽妻盧氏齡六十一甲子生籍交河父折衝將
軍行龍驤衛副護軍 世寬祖學生 雲宅曾祖學生 自建外祖折衝將軍行龍
驤衛副護軍金善厚本金海率子通德郎錫龜年二十四辛丑生婦車氏齡二十六
己亥生籍水原買得婢分德年五十三壬申生[illegible]准給者
堂上
郎廳
監董官

홍중기 호구단자 1804년, 국립중앙박물관 소장

족보와 문중 조직

족보의 자녀 기재 방식을 보면 초창기에는 나이 순서로 적다가 아들들을 먼저 적고 딸을 나중에 적은 선자후녀(先子後女) 방식으로 바뀌는데, 그 시기는 재산 상속이 균분 상속에서 불균분 상속으로 가는 시기와 거의 같다. 조선 후기로 내려올수록 족보나 상속이 그 승계 방식에서 부계로의 폐쇄적 경향이 뚜렷해지기 때문이다. 제사의 경우도 자녀들이 동등하게 돌아가며 맡는 윤회(輪回) 방식에서 장남이 주관하는 방식으로 부계로의 결속을 강화한다. 이 현상은 당내(堂內) 친족이 문중 조직화하는 첫 단계로서 족보 제작도 이 단계를 거쳐 문중 조직이 이루어진 이후에 본격화된다.

요즈음은 종중, 또는 문중의 모임을 종친회(宗親會), 문회(門會), 또는 화수회(花樹會)라고 한다. 종친회란 원래 왕실에 대해서만 사용하던 말이다. 화수회는 말 그대로 꽃이 핀 나무를 연상시키는 것이다. 꽃과 열매, 그리고 나무뿌리와 밑동은 조상과 자손의 관계를 상징한다. 이로 인해 개인 중심의 혈연망은 종중 집단 중심으로 밑둥과 같은 기반과 축을 형성해 간다. "처외삼촌 묘 벌초하듯 한다"는 속담처럼 외척이나 인척에 대한 인식의 변화도 더불어 나타난다.

전라북도 부안군 보안면의 부안 김씨가에서 내려오는 상속 문서인 김명열(金命說)의 「전후문서(傳後文書)」에 위의 정서가 잘 나타나 있다. 바로 전 시기에 있었던 이 집안의 분재, 즉 상속은 김명열의 아버지 김홍원이 죽은 후인 1647년에 있었는데, 서자는 제외하고 적자들만 재산을 균분하였다. 이후 김명열은 1669년에 이 문서를 만들어 그동안 행해졌던 제사 윤행에서 딸을 제외시키고 이에 따라 재산 분배도 차등을 둘 것을 지시하였다. 「전후문서」의 내용은 다음과 같다.

「전후문서(傳後文書)」 [1669년 11월 11일 작성]

이 문서는 종가에서 제사지내는 법과 관련해서 만든 것으로 예서(禮書)에 이미 나와 있듯이 이는 중대하고 엄격하여 토지와 노비도 종가에서의 제사와 관련된 것이지 중자(衆子)들의 윤행제사(輪行祭祀)를 위한 것이 아니다. 우리나라 종가의 법은 해이해진 지 이미 오래되어 이 윤행의 관례는 사부가(士夫家) 모두의 규례(規例)가 되어 있으니 이를 바꿀 수는 없지만, 딸의 경우에는 출가하면 다른 집안의 사람이 되어 남편을 따르는 의를 중시하기 때문에 성인이 예(禮)를 만들 때도 딸의 등급을 낮추어 정(情)과 의(義)를 모두 가볍게 한 것이다. 그러나 세간의 사부 집안 제사 중에는 서가(壻家)에까지 윤행을 맡김이 적지 아니한 바, 사위나 외손들이 하는 것을 보면 서로 미루다가 제사를 건너뛰게 되는 경우가 흔하며 비록 지낸다 하더라도 제물이 정결하지 않고 예에 성의와 경건함이 없으니 차라리 지내지 않느니만 못할 정도다. 우리 집안은 일찍이 이 일로 선친에게 말씀을 드렸고 형제들도 익히 알아 사위나 외손 집안에까지 제사를 돌리는 일이 없도록 정하였으니 이를 대대로 지킬 것이다. 부자의 정은 비록 남녀가 다르지는 않지만 생전에 봉양을 못 받고 죽어서도 제사를 행하지 아니하니 토지와 노비를 남녀가 똑같이 나눌 수 있겠는가. 딸에게 전민(田民)의 삼분의 일만 분급해도 정과 의에 크게 어긋날 것 같지 않으므로 딸과 외손 등은 감히 경쟁하는 마음을 가지지 마라. 이 글을 보고 그 뜻을 헤아리면 그 이유를 알 것이므로 누가 이것이 상규(常規)와 다르니 불가하다고 하겠는가. 본종(本宗)의 자손이 가난하고 천하여 제사를 거르는 것은 있을 수 있지만 만약 정해진 대로 따르지 않고 윤행을 한다면 어찌 자손이라 하겠느냐.

–『부안김씨우반고문서(扶安金氏愚磻古文書)』

(224쪽,『고문서집성』83~3, 장서각)

문중계안(門中契案)은 문중계 참여자의 명단으로 족보와 함께 수족(收族)의 기능을 한다. 계안을 통하여 해당 문중의 정착 발전이나 향촌에서의 동향 등도 알 수 있다. 문임록(門任錄), 또는 유사록(有司錄)은 각 문중의 일을 맡아 보는 대표들의 명단이다. 종계일기(宗契日記)는 종중 또는 문중 행사 때 집행을 담당한 집사자(執事者), 참석자 또는 불참자의 명단, 계에 낸 예전(禮錢)이나 벌전(罰錢) 및 미수금의 내용과 액수, 또는 이러한 사항이 오고 갈 때 작성한 문서류 등 종계 운영의 제반 사항을 기록한 일기이다. 족보를 작성할 때는 일차 자료에 해당하는 이러한 문서들이 동원된다.

문중통문(門中通文), 또는 회문(回文)은 문중에서 그 구성원이나 타 문중 또는 서원 · 향교 등의 관계기관 인사들에게 상호 관계되는 사항들을 통지하는 문서이다. 족보 제작을 통보할 때 보소나 대동회에서는 각 지역 문중에 통문을 보내고, 이들은 이것을 받아 개인에게 통지하다.

경상북도 안동시 갈선(葛田)에는 순흥(順興) 안씨(安氏)들의 종중이 있다. 이들이 1873년에 작성한 통문이 있는데, 내용은 작년에 간행된 대동보에 누락된 종중원들이 많아 수단을 다시 하여 대동보를 제작하고자 하므로 빨리 명단을 내달라는 통고문이다. 족보 제작과 관련하여 안씨 문중에서는 통문을 발송하는 발문유사(發文有司)가 있고 족보를 수합하는 장소인 도청(都廳)과 수장인 도유사(都有司), 잘못된 기재 사항을 고치는 교정유사(校正有司), 단자를 모아 관리하는 수단유사(收單有司) 등을 두었다.

경상도 진주의 진양 하씨들은 1893년 2월 18일에 족보 수단 및 대동보 작성을 위해 진양 하씨 3파 수단 책임자에게 「통문」을 보냈다. 내용은 진주 옥봉(玉峰)에 있는 재실 경류재(慶流齋)에 마련된 종회소로 모

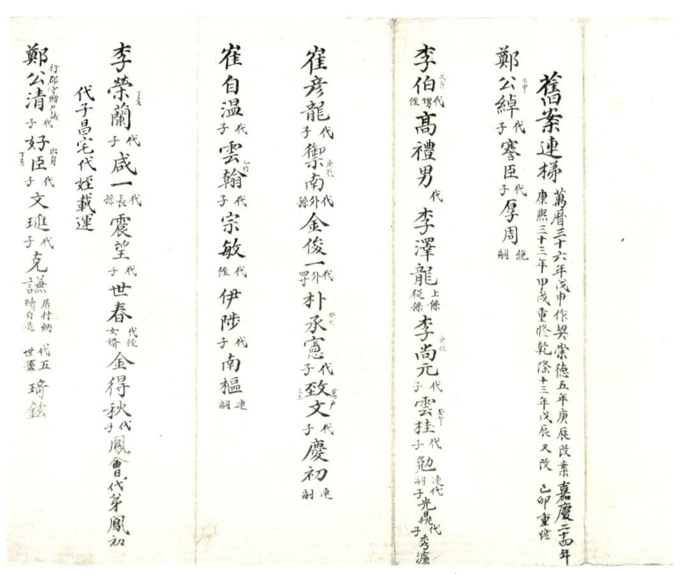

계안(契案) 조선 17세기. 국립중앙박물관 소장

이라는 것이다. 통문 중에는 "…… 생각해 보니 집안이 재난을 당하거나 전쟁을 겪거나 기근을 만나 계파를 알지 못하여 이로 인해 평민으로 편재되어 이역(吏役)에 빠지거나 군역(軍役)에 잡히니 이는 성(姓)이 있어도 면하기 어려운 것"이라고 하였다. 족보 발행의 목적이 어디에 있는지 잘 알려 준다.

문중계를 만드는 목적의 하나는 각종 문중 행사에 필요한 재원을 마련하기 위해서다. 이들의 문중계 절목(節目)에는 문중과 족보의 관계를 알 수 있는 다음과 같은 대목이 있다.

一. 수계(修契)할 때 계원이 될 수 있는 자격은 병자년 족보에 들어 있는 자들을 기준으로 삼는다. 만약 수계 사업을 거부하더라도 누누이 계안 작성에 참여할 것을 권고하여 조상을 같이하고 족보를 같이하는 의의를 살려야 한다. 종내 따르지 않는 자는 마땅히 계안(契案) 이름 아래에 '거절(拒絕)' 두 자를 적어 후세 자손들에게 어리석고 어그러진 마음이 있었음을 알린다.

一. 족보에 들지 않은 자도 계의 취지를 따른다면 기록에 넣어 존조경종(尊祖敬宗)을 돈독히 한다.

광주 안씨 감찰공파는 경기도 광주군 경안면에 세거하며 종중을 이루었다. 이 종중에는 『종계일기(宗契日記)』가 남아 있는데, 1737년부터 1744년까지 안극(安極, 1696~1754)이 작성한 것이다. 이 일기를 보면 1737년 가을에 광주 현천(玄川)에 세거해 온 서령공파 종중의 종장(宗丈)인 안택명(安宅明, 1666~1740)과 영남 종인(宗人)들이 족보를 만드는 일로 이곳 감찰공파 종가인 안극의 집을 방문한다. 이들은 먼저 입향선조인 19세 사간공의 묘를 첨배(瞻拜)한 후 현천의 서령공파 종인들과 이곳 묘하의 자손들이 비용을 내어 계를 같이 할 것을 정하고 원근의 모든 종인들에게 통문을 보내기로 하였다. 이에 따라 그해 10월 19일에 통문을 돌리고 이듬해인 1738년 2월 30일에 사간공 묘 아래에 모여 종계(宗契)를 결성하였다. 종인들의 거주 지역은 광주 일대 외에 파주·통진·과천·인천·진천·직산·청안 등이었다(『고문서집성(古文書集成)』 第8卷: 廣州安氏·慶州金氏).

위의 사례는 족보 수단을 계기로 각 소종중이 합쳐져 대종중화하는 과정을 잘 보여준다.

족보를 간행한 후에는 종중에서 족보 판목과 인쇄물 및 자료들을 보관하기 위해 별도의 건물을 짓는 경우가 있다. 곶감으로 유명한 경북 상주시 남장동에는 남장재(南長齋)라는 풍양 조씨 재실이 있는데 이곳이 바로 이러한 기능을 한다. 여기에는 족보 판목 총 934판 가운데 깨지거나 훼손된 판목 260장을 제외한 674장이 보관되어 있다. 이들은 족보를 1731년(영조 7)에 처음 간행하였고, 1760년에 두 번째로 간행하였으며, 1826년(순조 26)에 세 번째로 간행하였다.

족보와 신분

앞서 족보는 그 집안의 신분, 당색, 학문적 취향이나 사회적 성향 등을 알려준다고 하였는데, 각종 종합보는 이 점을 파악하는 데 있어서 개별 씨족보로는 알기 힘든 정보를 제공한다. 문보, 무보, 음보(蔭譜), 그리고 이 셋을 합친 삼반세보(三班世譜)는 집안들의 관직 성향에 초점을 맞춘 종합보다. 북보(北譜)는 폐쇄적인 당쟁 상황에서 나온 당색보(黨色譜)다.

『진신보(搢紳譜)』, 『만가보(萬家譜)』(해남 윤씨가 소장), 그리고 일제 시기인 1914년의 『조선과환보(朝鮮科宦譜)』, 1916년의 『만성보(萬姓譜)』(유석태 편)와 『동국만성잠영보(東國萬姓簪纓譜)』(김정술 등 편), 1931년에 나온 『만성대동보(萬姓大同譜)』, 1936년의 『동국만성보(東國萬姓譜)』(최종해 편) 등의 만성보들은 여러 결함에도 불구하고 양반의 성씨와 가문을 전국적으로 정리하는 효력을 가졌다. 조선 후기 이후로 양반 신분은 지역적으로 규정되는 경향이 있었는데, 앞서 예시한 향보(鄕譜) 역시 단위만 다를 뿐 그러한 배경에서 제작된 것이다.

소위 보학자들은 주요 인물들의 관력과 통혼, 그리고 적서 관계에 대한 해박한 지식을 토대로 성씨나 계파의 수준을 정하고 이를 정리하여

풍양 조씨 족보 보각 남장재

풍양 조씨 족보 판목

북보

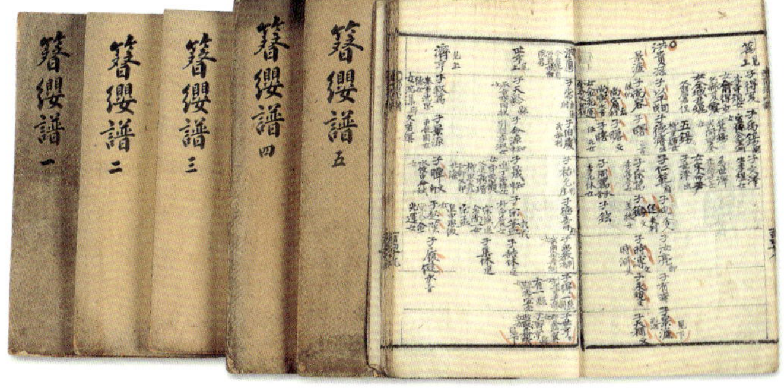

잠영보 6책

종합보를 만들었기 때문에 위보에 대한 감식력도 뛰어날 수밖에 없었다. 이들은 어느 지역의 어떤 성씨들이 비록 관직을 지내지 않았어도 누구의 자손으로서 어떤 수준의 신분적 위치를 점하고 있고 그에 맞는 통혼을 해왔는지도 감식할 수 있는 경지였던 것 같다. 그렇기 때문에 그들이 만든 종합보는 위보 등으로 계보가 문란해지고 족보의 신빙성이 떨어진 시대 상황에서 더욱 빛이 났고 조선의 주요 상층을 변별해 내는 기준서로까지 인정되었다. 그러나 보학자들이 끼친 폐해도 만만치 않다. 1900년 12월 14일자 『황성신문』에 보학자를 희화화한 이야기가 나온다. 내용을 간추리면 다음과 같다.

어떤 보학선생이 있었다. 그는 입을 열었다 하면 노소남북 당색에 대한 이야기와 선현명류(先賢名流)와 훈구척리(勳舊戚里)와 문신세장(文臣世將)과 잔음냉무(殘蔭冷武)와 초림한준(椒林寒畯)에 대한 지식을 읊는 데 걸림이 없었다. 누구는 누구의 아들이고 누구의 손자이며, 고조부까지는 물론 비조(鼻祖)와 중조(中祖), 모당(母黨)과 처당(妻黨)에까지 두루 훤히 알고 있다고 하면서 자신이 최고인 것처럼 말하는 것을 보고, 어떤 객이 물어보기를 "선생의 뱃속에는 활자기계가 들었소. 마치 만성보와 백가열전을 인출이라도 하듯이 판에 새긴 것처럼 옳은 말만 하시오" 하고 말을 거니 선생이 수염을 쓸며 눈을 감고 머리를 바로 하더니 말하기를 "이것은 사대부의 가정지학(家庭之學)이라 보학을 모르면 어찌 양반 행세를 하리오" 하였다. 객이 말하기를 "선생의 보학이 만성보첩에서 나왔다고 하는데, 그 책은 모두 진실되어 의심할 것이 없겠소" 하였다. 선생이 말하기를 "보첩이라는 것은 삼한의 옛 씨족이 있어 일개의 씨가 분관하여 조종을 기술하고 자손을 기록한 것이 분명하고 상세하며 또 대대로 전해져 내려온 것이오. 고로 조상이 있으니 자손이 있는 것이고 자손이 있으니 조상을 알 수 있는 것이 아니겠소. 보첩을 어찌 의심한단 말이오" 하였다. 객이 말하기를 "나는 의심이 많은 사람이니 대개 각성의 보첩을 보면 씨관이 생긴 이래로 모두가 상장군평장사(上將軍平章事)라 하고 정승(政丞), 판사(判事), 시중(侍中)이 아닌 자 없으되 학생이나 선비라 칭한 자는 없으니 옛날에는 모두가 공경대부(公卿大夫)이고 평민범정(平民凡丁)은 없었던 것이오. 과연 그렇다면 아랫대로 내려와 화족가(華族家)는 적고 한준가(寒畯家)는 많으니 이것이 그 조상에 그 자손이라고 말할 수 없는 이유지요. 또한 아버지나 할아버지가 관직이 없어 문벌을 칭할 수 없으면 환부역조하여 벼슬은 했으되 손이 없는 자의 후손으로 부속시키니 이름하여 귀신출후(鬼神出後)라고 하였소. 인륜을 어그러뜨림이 이와 같으니 이것이 그 자손을 통해 조상을 알 수 없다고 한 이유요. 어찌 이것이 진실이며 의심할 바 없는 것이라고 하겠소" 하였다.

여전히 많은 사람들은 허구를 실제 있었던 사실로 받아들인다는 점에서 이상의 이야기가 전하는 교훈은 아직도 유효한 것 같다. 그러나 한편으로는 위와 같이 이에 대해 비판적인 식자도 적지 않았던 것이다. 1924년에 출간된 『조선씨족통보(朝鮮氏族統譜)』(윤창현 저)는 종합보이긴 하나 조금 특이하다. 성씨에 대한 고찰에 주력하였기 때문에 이를 사성(賜姓)·개성(改姓)·모성(冒姓)·복성(復姓)·변성(變姓)·구성(舊姓)·신성(新姓) 등으로 분류하여 상세히 다루었다. 가문이나 신분은 불문에 붙이고 웬만한 보학으로는 알 수 없는 성씨까지 관련 문헌 자료와 함께 모두 수록하여 성씨 백과사전이라고 할 만한 책이다.

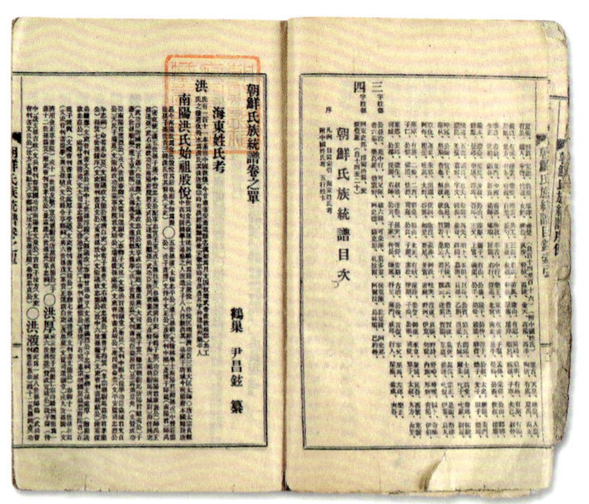

조선 씨족 통보

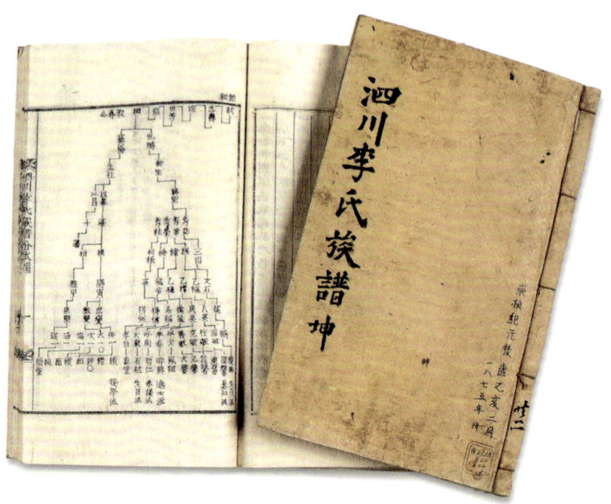

사천 이씨 족보 분파도

족보를 보는 방법

항렬, 즉 이름에 방계 혈족에 대한 대수를 표시하는 작명법은 특히 족보 기록에서는 매우 널리 적용되어 있다. 대개는 본관이나 파에 따라 돌림자가 다르기 때문에 동족이 아닌 다른 사람들에게도 그가 어느 본관의 어느 파인지를 쉽게 알 수 있게 한다. 즉 이것은 자신이 족보상 어디에 위치하는 것인가를 파악하는 일차 기준인 셈이다. 이는 자신의 족보를 찾으려는 사람에게도 똑같이 적용된다. 따라서 자신의 이름에 돌림자가 들어 있으면 혹 소속된 파를 모르더라도 자기 족보를 찾을 수 있는 확률이 높아진다. 그러나 돌림자는 어느 씨족, 어느 파나 적용하는 것은 아니고, 또 개인에 따라서는 이를 따르지 않는 수도 있다. 그래서 자신의 족보를 찾으려면 우선 알아야 할 지식이 자신의 조상과 고향에 관한 정보이다. 좀 더 구체적으로는 자신이 태어난 곳보다는 자기로부터 직계로 연결되는 조상이 어디에서 살아왔는가가 조상의 이름과 더불어 알아야 할 기본 사항인 것이다.

족보상에 자신의 아버지나 할아버지의 이름을 찾게 되면 그곳이 조상을 찾는 출발점이 된다. 뿌리를 찾기 위해서는 아래로 내려가지만 자신의 직계 조상을 찾으려면 위로 올라가야 한다. 대개 6층 정간(井間)으로 구성된 족보 한 면의 맨 위층으로 올라가면 그곳에는 더 올라갈 면이 어딘지에 대한 정보를 준다. 옛날 족보는 천자문으로 면수를 표시하므로 예컨대 '상견권이황(上見卷二黃)' 이라고 쓰여 있으면 두 번째 권 중에 '황(黃)' 이라고 쓴 면을 찾아가면 된다. 출발점이 네 번째 권 중에 '홍(洪)' 이라고 쓴 면이면 찾아간 면의 맨 아래층에는 필시 '하견권사홍(下見卷四洪)' 이라고 쓰여 있을 것이다.

족보는 보는 사람의 역량에 따라 귀중한 역사 사료가 될 수 있다. 만약 어느 유명 인물의 후예들 중에는 누가 있고 어디서 어떻게 살고 있는지를 알고자 한다면 위에서 제시한 방식을 역순으로 진행하면 된다. 어느 인물을 족보에서 찾으려면 그의 본관과 계파를 파악하는 것이 우선이다. 파의 명칭은 대부분 파조(派祖)의 관작명 · 시호 · 아호(雅號) 등을 따서 후손들이 지은 것이다. 파 이름이

직함(職銜)인 예: 제학공파, 판서공파, 정랑공파
시호(諡號)인 예: 문정공파, 충정공파, 충무공파
아호(雅號)인 예: 청계공파, 휴은공파
세거지명(世居地名)인 예: 개성파, 경주파
봉군지명(封君地名)인 예: 계림군파, 김녕군파, 김해군파

파 이름이 승지공파면 파조의 마지막 벼슬, 또는 증직 벼슬이 승지(承旨)였을 것이다. 족보에서 승지공파가 어디에 들어 있는지 가장 빨리 찾는 방법은 대개 앞부분에 실린 계보도(系譜圖)를 보는 것이다.

과거 족보들은 다른 문서와 마찬가지로 중국 연호로 연대를 기록하였다. 그래서 족보를 볼 때는 연표(年表)를 지참하는 것이 좋다. 아니면 중국 연호를 암기하는 방법도 있다. 대개 조선의 연대 표시는 숭정(崇禎) 이전까지는 황명(皇明) 연호를 쓰고, 그 이후에는 숭정후(崇禎後) 다음에 재갑자(再甲子) · 삼갑자 (三甲子) 등으로 숭정 연호를 계속 쓰기도 하고 본조(本朝)의 묘호를 쓰기도 한다. 예를 들면 숭정후 갑자년은 1684년, 숭정후 재갑자년은 1744년, 숭정후 삼갑자년은 1804년 등이다. 근대에 들어서는 단지 갑자로만 쓴 예가 많다.

족보 기록에서 배우자는 호적 기재 방식과 같이 성, 본관, 생몰년, 그리고 부친 · 조부 · 증조 · 외조의 사조(四祖) 이름과 관직을 쓴다. 출가한 딸은 배우자, 즉 사위와 사위의 아버지 이름이 본관 및 관직과 함께 기재된다. 자식 중에 누구에게 양자를 갔으면 출계(出系), 또는 계출(系出)이라 표시하고, 양자 온 경우는 계(系) · 계자(系子), 또는 계자(繼子) 등으로 써넣는다.

그밖에 족보를 보는 지식은 앞서 소개한 족보 구성의 방식을 참고하면 된다.

외국의 족보

족보는 초보적인 것부터 비교적 복잡한 것까지 다양한 형태가 있다. 문헌이 아니더라도 구술 방식으로 자신들의 계보를 전승하고 있으며 이는 모든 시대와 국가에서 볼 수 있다. 예컨대 고대 아일랜드 왕들의 계보에 관한 지식은 주로 구전된 것이다. 특히 군주정치나 귀족정치가 실시되던 나라에서 족보학은 더욱 발달하는 경향을 보였다.

동양의 족보는 오랜 역사를 지녔지만 대개는 특출한 인물이나 통치자의 것에 국한되어 있다. 그러므로 족보 내용의 진위를 검증할 만한 비교자료가 없는 것이 흠이다. 유대인들에게 가계를 기록으로 남기는 일은 종족의 순수성을 지키려는 의도와 맞물려 있었다. 유대인들 말고는 대개는 신화에 나오는 영웅들을 신이 낳은 존재로 설정하여 혈통의 신성성을 보이고자 하였다.

서양에서 족보 기록이 시작된 곳은 고대 지중해 지역이다. 이곳 역시 구전물이 시나 사료 형태로 기록되었다. 그러나 체계적인 기록은 중세

초에 시작되었다. 구전되어 온 왕들의 혈통을 기록한 자들은 수도사들이었다. 이들은 귀족과 왕족의 혈통 연구에 집중하여 왕위 계승이 문제될 때 일정한 역할을 하였다. 혈통과 함께 토지 거래, 징세, 소송 등에 관한 사실도 기록하여 사료적 가치를 높였다. 1500년경부터는 일반인들의 족보도 출현하였다. 주로 농노인지 아닌지를 판단하는 기준에 대한 요구 때문이다. 이후 상인 집단의 등장과 중산계급의 부상으로 기록은 풍부해졌고 르네상스 시기를 거치면서 더욱 발전하였다.

『귀족총람(貴族總覽, *The Complete Peerage*)』은 영국 귀족들에 관한 입문서로 전체 14권에 이르는 방대한 책이다. 이 전집의 초판은 1887년부터 1898년까지 10여 년에 걸쳐 조지 에드워드 코케인이 런던에서 발간하였고, 제2판(1910~1959) 개정 때 많은 부분이 늘어났다. 제2판에서는 잉글랜드 · 스코틀랜드 · 아일랜드 · 그레이트브리튼 · 연합왕국(United Kingdom)에서 대를 잇고 있거나 끊긴 귀족 가문 모두를 망라하고 있다. 전기(傳記)를 다룬 세부 항목에는 혈통, 출생, 상과 훈장 서훈, 결혼, 정치 활동과 공직 경력, 사망, 매장 등에 관한 사항도 자세히 나와 있다.

일본은 7세기 초엽에 중국 문화와 더불어 들어온 한자의 음훈(音訓)을 원용한 표기 방법이 고안 · 발전됨에 따라 구송되어 오던 문학을 문자로 기록할 수 있게 되었다. 이에 따라 8세기 이후에 『고지키(古事記)』 · 『니혼쇼키(日本書紀)』 · 『후도키(風土記)』 등이 국가 통일이라는 정치적 목적을 위해 황실을 중심으로 기록 · 편찬되었다. 『고지키』는 712년에 겐메이 천황(元明天皇)의 명을 받아 오노 야스마로(太安萬侶)가 찬록한 것인데 상 · 중 · 하 3권 중 상 · 중 2권은 대부분 신화나 전설이고 하권 끝에 역사적인 기술이 있다. 상권은 신대(神代)를 다룬 것으로 창조신화가 많고 중권에는 역대 조정과 부족의 계보 등 족보라 불릴 수 있는 기록들이 실려 있다.

현대인의 족보

1966년에 어느 도에서 도지(道誌)를 편찬하는 데 각 집안의 열행(烈行)·증직(贈職) 등의 항목에 들어갈 명단을 종중에서 관리하여 도지편찬위원회로 넘겼다고 한다. 이때 '수단금'으로 200원을 받았다고 한다. 집안의 기록이 도 단위에서 발간하는 책자에 실린다는 것을 대단히 중요하고 또 명예로 여겼기 때문일 것이다. 그런데 경쟁이 치열했던지 아니면 객관적인 기준이 없었던 때문인지 족보 발간 때나 들을 수 있는 수단금이란 용어가 이러한 상황에서 나온 것이 흥미롭다.

국립중앙도서관 고전자료실에서 소장하고 있는 족보는 대략 135개 성씨에 600여 종 13,000여 권이라고 한다. 과거 총독부 도서관 시절에는 족보 발간이 허가제였기 때문에 힘 안 들이고 모을 수 있었던 것이다. 대구시립두류도서관, 국학진흥원, 전북대학교박물관, 성균관대학교 존경각 등 각 대학 도서관에서도 다량의 족보를 소장하고 있다. 서울시립도서관인 정독도서관에는 약 70성에 2,000권 족보를 소장하고 있다. 미국의 하버드 옌칭연구소와 유타의 계보협회에서는 이미 다량의 한국 족보를 수집하였으며 족보의 디지털화를 추진하고 있다.

족보 전문 인쇄회사인 대전광역시의 회상사(回想社)에서는 1988년에 회상사족보도서관을 세워 1954년 이 회사가 설립된 후 그곳에서 출간된 900여 문중의 족보 등 40,000여 권의 족보를 소장하고 있다. 부천족보전문도서관은 2008년 현재 25,000여 권의 족보를 소장하고 있다고

진주 강씨 사진 족보

한다. 해방 이후 족보 출간은 대전의 회상사가 독점하다시피 하였고, 이후 족보를 출간하는 출판사가 여러 군데 나왔지만 아직도 그 명성을 유지하고 있다. 1990년대에 들어와서는 족보 이름 옆에 사진을 넣는 등 다양한 편집을 시도하는 소규모 출판사가 생겨났고, 이어 인쇄와 종이가 아니라 영상을 매체로 한 족보 발간이 유행하더니, 요즈음은 인터넷 족보가 유행하면서 회상사의 독점 경향은 줄어들었다.

최근 발간되는 족보에서 매우 특징적인 것은 한자와 한글을 병기하거나 한글 위주로 인쇄하며, 한문에는 한글 번역을 붙여 누구나 쉽게 볼 수 있게 만든다는 점이다. 또한 홈페이지를 통해 족보 내용을 열람할 수 있게 하거나 아니면 인터넷족보를 만들어 종인들에게 공개한다. 이러한

영상족보

매체는 세계 어느 곳에서나 입력과 교정이 가능하여 제작 기간이나 비용이 단축되는 효과를 불러온다. 이제는 일일이 통문을 돌려 단자를 모아 수단하는 과거 제작 방식은 사라질 전망이다. 이렇게 하여 만들어진 전자 계보의 장점은 매우 많다. 우선 전체의 계보도를 한눈에 볼 수 있고 각 파조부터 하위 계보나 특정 선조의 직계 후손도 별도로 구분하여 볼 수 있다. 무엇보다도 편리한 것은 검색 기능으로 자신 및 직계 선조의 계보를 쉽게 찾아 올라갈 수 있다는 점이다. 또한 횡보로 만들어도 가로쓰기를 할 수 있어 보기에 편리하다.

그러나 누가 제작하든 기존 족보의 내용을 기준으로 삼는 것은 여전하고, 각종 선조의 문헌과 사적은 사진이나 동영상 등의 매체를 이용하여 이전보다 더 풍부하게 등재할 수 있게 되었다. 또한 여전히 종중의 주요 인물에 대해서는 많은 정보를 올린다.

조상 없이 태어난 사람은 없다. 조상이 누구인지 모른다고 그를 근본이 없는 사람으로, 그의 집안을 뿌리가 없는 집안이라고 할 수는 없다. 도중에 뿌리를 잃어버렸을 뿐이다. 그런데도 혈연관계를 담은 족보에 집착했던 것은 뿌리를 찾기 위해서라기보다는 뿌리가 갖는 사회적 의미를 무시할 수 없었기 때문이다.

앞서 소개한 국립중앙도서관 6층 고전실에 가면 꽤 많은 족보를 열람할 수 있다. 이 고전실을 찾는 열람객 중에는 거의 매일 출근하여 족보를 뒤지는 소위 단골 보학자들도 있지만 어쩌다 일생에 한 번 찾게 된 이용객들도 있다. 이들은 자신의 잃어버린 뿌리를 찾으려 방문하였지만 수많은 족보 중에서 자신의 할아버지 이름을 찾기란 결코 쉬운 일이 아니다. 이들 중에는 특히 이북 피난민 출신들이 많다. 남북 분단은 이들에게 있어서는 뿌리를 절단당한 것과도 같다. 그러나 절단을 당한 것은 그들만이 아니다. 남한의 족보 또한 북한에 거주하는 친족을 더 이상 올릴 수 없기 때문에 불완전한 족보인 것이다. 대동보는 남북이 통일되어야만 진정으로 작성될 수 있다.

관련 용어

관향(貫鄕): 시조(始祖), 중시조(中始祖)의 출신지와 혈족의 세거지(世居地).
귀화성(歸化姓): 외국으로부터 귀화한 자의 성.
대(代): 자기로부터 부조(父祖)의 선으로 올라간다. 고조부는 4대 조상이다.
도선조(都先祖): 선조의 으뜸이므로 시조와 같은 뜻.
도시조(都始祖): 시조 중의 시조. 문화 유씨의 도시조는 유차달.
득성지(得姓地): 성을 얻게 된 설화상의 지명. 창녕 조씨는 창녕의 사왕산 성룡지(城龍池).
발상지(發祥地): 시조가 태어난 곳. 탄강지와 같은 뜻.
보본단(報本壇): 실전(失傳)한 조상을 위해 세운 단.
비조(鼻祖): 시조(始祖) 이전의 가장 높은 선계(先系) 조상.
사관(賜貫) · 사성(賜姓) · 사명(賜名): 왕으로부터 하사받은 성.
사손(祀孫): 봉사손(奉祀孫)의 줄임말로 조상의 제사를 받드는 사람.
사손(嗣孫): 한 집안의 종사(宗嗣), 즉 계대(系代)를 잇는 자손.
선계(先系): 시조 이전 또는 중시조 이전의 선대 조상을 일컫는 말.
성보(姓譜): 유명 가문들을 성씨별로 구성한 만성보(萬姓譜)다.
세(世): 시조를 시작으로 아래로 내려오는 세대 기준. 조부를 1세로 치면 자신은 3세가 된다.
세계(世系): 시조나 파조로부터 이어 내려가는 계통.
속성(屬姓): 사회적 지위가 낮은 자의 성.
수단(收單)과 수단(修單): 앞의 수단은 족보에 실을 내용을 적은 단자를 받는 것이고, 후자는 이를 정리한다는 뜻이다.
승사손(承嗣孫): 손자로 대를 이음. 장남에게 아들이 없을 때 차남의 아들로

대를 잇는 예처럼 한 대를 건너뛰어 대를 이을 경우 족보에 '承嗣孫'이라고 표기한다.

승적(承籍): 서자(庶子)가 적자(嫡子)를 잇는 것을 말한다.

시관조(始貫祖): 본관을 받은 시조. 김녕 김씨의 시관조는 김시흥(金時興).

시조(始祖): 초대(初代)의 선조 즉 첫 번째 조상(祖上)을 말한다.

시호(諡號): 신하가 죽은 뒤에 임금이 내려주는 호.

연항(聯行): 형제.

원조(遠祖): 기록이 불분명한 시조.

입성(入姓): 타 지방으로부터 이주한 자의 성.

족조(族祖): 5대조 이상에서 갈라진 방계(傍系) 조상.

중시조(中始祖): 시조 이후 가문을 일으킨 시조.

중흥선조(中興先祖): 중흥조와 같은 뜻.

중흥조(中興祖): 가문을 일으킨 선조.

천강성(天降姓): 하늘이 내려준 성씨라는 뜻으로 박(朴) · 석(昔) · 김(金)을 말함.

탄강지(誕降地): 시조가 태어난 곳.

토성(土姓): 토착 상류 집단의 성.

함(銜): 살아 있는 사람의 이름을 높여 부르는 말.

항렬(行列): 같은 혈족 안에서 상하관계를 분명히 하기 위하여 만든 서열.

현조(顯祖): 가문을 빛낸 조상.

후사(後嗣): 세계(世系)를 이을 자손.

휘(諱): 돌아가신 분의 이름.

찾아보기

ㄱ

가보(家譜) 15, 38

가승보(家乘譜) 63

가첩(家牒) 38, 63

간인(刊印) 90

강필동(姜必東) 45

개간보(改刊譜) 61

개명(改名) 59~60

개씨(改氏) 59~60

계보(系譜) 14~6, 19~22, 37~8, 44, 49, 50, 52, 56, 60, 62~3, 67, 75, 104, 106, 122, 126~9, 131

계보도(系譜圖) 7, 16, 44, 126, 131

계하첩문(啓下帖文) 103

고려씨계도(高麗氏系圖) 37

고염무(顧炎武) 25

공족보(公族譜) 43~4

곽숭도(郭崇韜) 14

곽자의(郭子儀) 14

관(冠) 96

구양수(歐陽脩) 16, 71~2, 74

구희서(具羲書) 45~6

근기(近畿) 111~2

김계한(金繼韓) 52~3

김관의(金寬毅) 19, 37

ㄴ

납속(納粟) 55

내시보(內侍譜) 52~3

내외보(內外譜) 63

노비보(奴婢譜) 56

ㄷ

대동보(大同譜) 21, 35, 37, 44, 49~50, 62, 67, 71, 94~5, 116

대종(大宗) 16~7, 41, 44, 89, 95

돈녕(敦寧) 41

돈녕보첩(敦寧譜牒) 38, 41

돈녕부(敦寧府) 41

동(童) 96

동각잡기(東閣雜記) 31

동국만성보(東國萬姓譜) 119

동국만성잠영보(東國萬姓簪纓譜) 119

동래 정씨 호장보 51

동성이본 33~4

두정륜(杜正倫) 14

ㅁ

만가보(萬家譜) 119

만성대동보(萬姓大同譜) 119

만성보(萬姓譜) 20~1, 50, 52, 63, 65, 119, 122

만성총보(萬姓叢譜) 46

명하전(名下錢) 78, 96

명항(名行) 87

목민심서(牧民心書) 22

묘산도 79

무보 46~7, 119

무후(无后) 22, 112

문보 46, 48, 119

문중계안(門中契案) 116

문중통문(門中通文) 116

민적부(民籍簿) 43

ㅂ

박사정(朴思正) 45

백가보(百家譜) 45

백가보략(百家譜略) 45

백성성(百姓姓) 31

백씨통보(百氏通譜) 46

벌열통고(閥閱通攷) 45

범례(凡例) 44, 55~6, 72, 74, 77, 80, 82, 85~7, 95, 98, 104

별록(別錄) 35

별보(別譜) 35, 104, 106

보소(譜所) 91~2, 96, 116

보학자 45, 119, 121, 133

본관(本貫) 15, 25, 27, 31~5, 41~2, 52, 59, 62, 87, 102, 125, 127, 134

부계 사회 12

부안 김씨 50, 114

북보(北譜) 119, 121

분관(分貫) 31

분묘(墳墓) 84, 110

ㅅ

사성(賜姓) 27, 29~34, 123, 133

사성강목(四姓綱目) 67

사천 이씨 족보 분파도 124

삼간보(三刊譜) 61

삼반세보(三班世譜) 46, 119

삼반팔세보 47

서자(庶子) 22, 86~7, 114, 134

서출(庶出) 86

석보(石譜) 70

선록청(璿錄廳) 41

선영도(先塋圖) 79

선원(璿源) 38, 41

선원가현록도감(璿源加現錄都監) 41

선원각(璿源閣) 41

선원계보기략(璿源系譜記略) 38, 40~1

선원록(璿源錄) 38, 41, 98

선원보(璿源譜) 38, 41, 43, 104

선원보략(璿源譜略) 38~9, 42
선원속보(璿源續譜) 41, 43, 99
선자후녀(先子後女) 80, 114
성원록(姓源錄) 49
성원총록(姓苑叢錄) 45, 50
성주((星州) 33
성현보(聖賢譜) 63
세계도(世系圖) 16, 80
세보(世譜) 38, 62, 67
소목(昭穆) 16, 75, 87
소사(小史) 15, 75
소종(小宗) 16~8
송시열(宋時烈) 71, 73~4
수교완문(受教完文) 103
수단(收單) 55, 62, 96, 133
수단(修單) 55, 131, 133
수단금(修單金) 96, 129~30
수족(收族) 11, 13, 116
신증동국여지승람(新增東國輿地勝覽) 30
심희세(沈熙世) 45
씨족원류(氏族源流) 45

ㅇ

안정복(安鼎福) 77
양성지(梁誠之) 20, 45
양세계보(養世系譜) 52
양자(養子) 34, 52, 84, 127
양주(楊州) 32~3
어변갑(魚變甲) 31
연려실기술(燃藜室記述) 22, 31
예기(禮記) 25
오인유(吳仁裕) 35
오현보(吳賢輔) 35
왕공족보(王公族譜) 43
왕대종록(王代宗錄) 19
왕족보(王族譜) 43~4
외보(外譜) 63
원보(原譜) 55
위보(僞譜) 95, 99, 102~6, 111, 122
위접(僞接) 103
윤회(輪回) 114
음보 46, 49, 119
이경열(李景說) 45
이긍익(李肯翊) 22
이덕무(李德懋) 45
이로(李魯) 67
이성동본 33~4
이세주(李世胄) 45
이왕가(李王家) 43
이정형(李廷馨) 31
이중환(李重煥) 30
이창현(李昌鉉) 49
인리성(人吏姓) 31
인아보(姻亞譜) 63
임경창(任慶昌) 45
임내성(任內姓) 31

ㅈ

잠영보 122
재간보(再刊譜) 61
적서(嫡庶) 14, 38, 86~7, 110, 119
전장석 29
전후문서(傳後文書) 114~5
정곤수(鄭崑壽) 45
정백휴부(程伯休父) 27
정시술(丁時述) 45
정약용(丁若鏞) 22~3, 102, 105
정초(鄭樵) 25
제계(帝系) 15
제왕연대력(帝王年代曆) 37
조맹(趙孟) 32
조선과환보(朝鮮科宦譜) 48, 119
조선씨족통보(朝鮮氏族統譜) 123
조씨(趙氏) 32~3
조엄(趙曮) 27
조종운(趙從耘) 45
조지수(趙之壽) 32~3
존조(尊祖) 11
종법(宗法) 16~8, 41, 44
종보(縱譜) 80~1
종친록(宗親錄) 38
주례(周禮) 15
중자(衆子) 16~7, 115
지씨홍사(池氏鴻史) 50
진신보(搢紳譜) 46, 119
진흥왕 순수비 28~9

ㅊ

창씨(創氏) 27, 59~60
창씨개명(創氏改名) 56, 58~60
청보(淸譜) 14
초간보(初刊譜) 61, 70, 93~4
초간본(初刊本) 61
최규서(崔奎瑞) 101
측출(側出) 86

ㅌ

탁보(濁譜) 14
탈향적(脫鄕籍) 46
택리지(擇里志) 30
토성분정(土姓分定) 31
통보(統譜) 99
통지략(通志略) 25
투탁(投託) 14, 110

ㅍ

파보(派譜) 41, 52, 62, 67, 96
팔고조도(八高祖圖) 12, 39, 67~8
팔세보(八世譜) 50
편년통록(編年通錄) 19, 37
필암서원 56~7
필원화가보 50~1

ㅎ

합보(合譜) 35, 77

항렬(行列) 87~9, 124, 134

해동성씨록(海東姓氏錄) 20, 45

해사일기(海槎日記) 27

해주(海州) 35

향보(鄕譜) 67, 119

허목(許穆) 71, 74, 76

허함(許涵) 45, 77

호구단자 55, 112~3

호보(號譜) 67, 69

호장보(戶長譜) 50~1

호패법 102

홍여하(洪汝河) 20

환부역조(換父易祖) 22, 99, 104, 123

황윤석(黃胤錫) 45

회상사(回想社) 130

회종(會宗) 18, 99

횡보(橫譜) 80, 109, 131

참고문헌

『世宗實錄地理志』

『新增東國輿地勝覽』

『四佳集』(成化譜序)

『宋子大全』

『記言』

『燃藜室記述』

『擇里志』

『東國文獻備考』

『牧民心書』

『與猶堂全書』

『海槎日記』

『艮齋集』

『增補文獻備考』

『紀語』

『扶安金氏愚磻古文書』, 한국정신문화연구원

『古文書集成』(第8卷: 廣州安氏 · 慶州金氏), 한국정신문화연구원

權寧大, 「成化譜攷」, 『대한민국학술원논문집 20집』, 1981.

金斗憲, 『韓國家族制度研究』, 서울대학교출판부, 1968.

宋俊浩, 『朝鮮社會史研究』, 일조각, 1987.

신명호, 「조선전기 왕실정비와 족보편찬」, 『경기사학』 2호, 1998.

와그너(Edward W. Wagner), 「1476년 안동권씨족보와 1565년 문화유씨족보」, 『石堂論叢』 15집, 동아대학교부설 석당전통문화연구원.

李樹健, 「조선시대 身分史 관련 자료의 비판 — 姓貫 · 家系 · 人物 관련 僞造資料와 僞書를 중심으로」, 『고문서연구』 14, 한국고문서학회, 1989.

——, 「족보와 양반의식」, 『한국사시민강좌』 24집, 일조각, 1998.
전장석, 「동성불혼(同姓不婚)에 관한 연구」, 『문화유산』 1호, 1961.
鄭光鉉, 『姓氏論考』, 東光堂書店, 1940.
善生永助, 『朝鮮の姓』, 朝鮮總督府, 1934.
今村鞆, 『朝鮮の姓名氏族に關する研究調査』, 朝鮮總督府中樞院, 1934.
善生永助, 『朝鮮の聚落』, 朝鮮總督府, 1935.
野村調太郎, 『朝鮮祭祀相續法論 序說』, 朝鮮總督府, 1939.

정 승 모

서울대학교 인류학과 졸업
태동고전연구소 수학
국 · 공립박물관 근무
역사문화학회 · 진단학회 이사
현재 지역문화연구소 소장

저서

『시장의 사회사』(1992)
『한국의 세시풍속』(2001)
『한국의 전통사회: 시장』(2008)
『동국세시기』(역)(2009)
『조선후기 지역사회구조 연구』(2010)

공저

『조선시기 사회사연구법』(1993)
『서울의 사회풍속사』(1995)
『조선시대 생활사』(1996)
『하회마을』(2007)
『한국인의 생사관』(2008)

논문

「농촌 정기시장체계와 농민 지역사회구조」(1983)
「조선시대 향촌사회의 변동과 농민조직」(1991)
「동족촌락의 형성배경」(1993)
「군현제의와 국가정책」(2000)
「경저 · 향제 · 별서와 조선후기 문화의 지역성」(2003)
「18 · 19세기 농민층 분화와 향촌중인」(2005)
「조선후기 문중형성과 문중계 운영방식」(2006)
「조선후기 시전정책의 경제사상적 배경」(2007)

이화여자대학교출판부 기획 시리즈

'우리 문화의 뿌리를 찾아서'

1. 한국사 입문 신형식 지음
2. 전통 한복의 멋-노리개 이경자 지음
3. 한국의 지붕 · 선 임석재 지음
4. 한국의 창 · 문 임석재 지음
5. 한국의 돌 · 담 · 길 임석재 지음
6. 한국의 전통 공간 임석재 지음
7. 한국의 꽃살 · 기둥 · 누각 임석재 지음
8. 우리춤 김말복 지음
9. 한국 고전여성작가의 시세계 이혜순 지음
10. 한국의 탈춤 조동일 지음
11. 한국의 전통 교육 최완기 지음
12. 한국의 풍속 : 민간 신앙 최준식 지음
13. 한국의 전통 사회 : 화폐 원유한 지음
14. 한국의 전통 공예 : 도기 나선화 지음
15. 한국의 전통 선박-한선(韓船) 최완기 지음
16. 한국의 여행 문학 김태준 지음
17. 한국의 전통 사회 : 시장 정승모 지음
18. 한국의 전통 공예 : 소반 배만실 지음
19. 조선 상류 주택의 내부 공간과 가구 최상헌 지음
20. 한국의 전통 사회 : 운송 기구 최운식 지음
21. 한국의 종교 : 불교 최준식 지음
22. 한국의 전통 과학 : 천문학 박창범 지음
23. 한국의 전통 무예 : 18기 최복규 지음
24. 한국의 풍속 : 잔치 윤서석 지음
25. 한국의 전통 마을 오홍석 지음
26. 한국의 전통 시가 김대행 지음
27. 한국의 전통 회화 홍선표 지음
28. 한국의 음식 : 김치 김숙희 지음

근간

한국의 귀신 설화 강진옥 지음

한국의 족보

펴낸날 1판 1쇄 2010년 10월 30일 _ **지은이** 정승모 _ **펴낸이** 최민숙 _ **펴낸곳** 이화여자대학교출판부
주소 서울특별시 서대문구 대현동 11-1 (120-750) _ **등록** 1954년 7월 6일 제9-61호
전화 02-3277-2965, 362-2966(편집기획) 02-3277-3164, 362-6076(경영지원) _ **팩스** 02-312-4312
e-mail press@ewha.ac.kr _ **인터넷서점** www.ewhapress.com
책임편집 정경임 _ **디자인** GNA Communications _ **찍은곳** 한영문화사

ISBN 978-89-7300-895-7 04990
ISBN 978-89-7300-602-1 (세트)
값 12,000원